역동적 균형과 한국의 미래 [2]

새로운 성장동력과 균형발전

나남출판

나남신서 1163

역동적 균형과 한국의 미래 2
새로운 성장동력과 균형발전

2006년 8월 15일 발행
2006년 8월 15일 1쇄

저자_ 이승훈 · 현오석 · 임경순 · 조영삼 · 이정우
발행자_ 趙相浩
편집_ 방순영 · 양정우
디자인_ 이필숙
발행처_ (주) **나남출판**
주소_ 413-756 경기도 파주시 교하읍
출판도시 518-4
전화_ (031) 955-4600 (代), FAX : (031) 955-4555
등록_ 제 1-71호(79.5.12)
홈페이지_ http://www.nanam.net
전자우편_ post@nanam.net

ISBN 89-300-8163-0
ISBN 89-300-8161-4(세트)
책값은 뒤표지에 있습니다.

역동적 균형과 한국의 미래 2

새로운 성장동력과 균형발전

이승훈 · 현오석 · 임경순 · 조영삼 · 이정우

NANAM
나남출판

Dynamic Equilibrium and Korea's Future 2

New Growth Poles
Toward Balanced Development

by

Lee, Seung Hoon
Hyun, Oh-seok
Lim, Gyeng Soon
Cho, Young Sam
Lee, Joung Woo

NANAM
NANAM Publishing House

머리말

'역동적 균형'을 화두로 한 4권의 단행본을 출간함에 있어 광복 60년에 얻은 새로운 경험을 간략히 간추리고자 한다.

첫째로 광복의 뜻을 다시 생각하게 되었다는 점이다. 사람들에게 '광복'이란 낱말을 주고 그 뜻을 물으면 대부분 독립 또는 해방을 연상한다. 일제시대의 독립운동을 떠올리고 그 정신으로 오늘의 한일관계 등을 생각해보는 것, 때문에 '광복' 하면 미래보다는 과거지향의 느낌을 강하게 받는다고 한다.

과연 그래야만 할까. 젊은이보다는 노인이 주역이 되고, 미래보다는 과거를 이야기하며, 한국현대사를 전공한 학자나 독립운동 추모사업단체들이 전유하는 그런 상징으로 과연 충분한 것인가?

우리는 아니라고 판단했다. 광복은 단순히 과거가 아니라 현재진행형이며 우리의 미래에 관련된 소중한 상징이기 때문이다. 광복운동을 이끌었던 선조들이 숱한 고난과 억압, 시련 속에서도 굳건히 지켰던 이상, 해방된 조국의 미래상이 지난 60년간의 눈부신 성취에도 불구하고 아직도 미완의 과제로 남아 있다는 사실에서 이것은 의문의 여지없이 분명하다.

광복에는 '빛'의 메타포가 있다. 이 빛은 우리의 역사 안에 있지만, 이 빛을 키워내기 위해서는 그 눈으로 시대의 과제를 분명히 인식하는 것이 중요하다. 이러한 의미에서 광복은 과거와 미래를 연결시키는 민족적 운명에 대한 문명사적 자각이며 새로운 시작을 촉구하는 역사의 명령이기도 하다.

둘째는 60년의 의미이다. 60년의 삶은 새로운 출발을 요구한다. 단순한 시간의 반복이 아니라 질적 성숙, 이순(耳順)의 원숙함이 요구된다. 신산(辛酸)했던 과거의 열정과 고통을 차분한 마음으로 바라보고 한층 성숙한 태도로 미래를 관조할 수 있는 넉넉한 지혜가 필요하다. 이순에 이르러 무르익은 인격을 가진 인간이 순리(順理)를 깨닫고 매사에 성공하듯이, 우리 민족 역시 이제는 21세기의 국제적 순리, 역사적 순리, 정치 경제적 순리, 그리고 사회적 순리를 깨닫고 이에 조응하면서 보다 희망적인 미래를 열고 싶어한다.

이처럼 광복에 담긴 미완성의 미래지향적 함의와 60년이 요구하는 보다 성숙한 새로운 출발의 요구를 담아 우리가 열어가야 할 선진한국의 모습을 그려보고자 한 것이 바로 4권의 책이라고 말하고 싶다.

셋째는 포럼을 열고 책을 출간하는 과정에서 얻은 경험이다. 광복 60년 기념사업추진위원회가 선정했던 51개 사업 가운데서 '선진한국'의 미래를 설계할 종합학술포럼의 성공을 위해서는 무엇보다 저명한 학자들의 참여가 필수적이었다. 그래서 위원회는 서울대 사회발전연구소에게 포럼의 주관업무를 요청했으며, 쌍방이 협의하여 4차례의 포럼을 서울, 대구, 전주, 서울의 순서로 열기로 했다. 이리하여 위원회와 학계 그리고 지역사회가 같이 참여하는 독특한 협력체계가 구축되었다.

모든 주요 결정은 포럼운영위원회에서 내렸는데, 여기에는 연구소 소장 이재열, 정치학과 이정복, 경제학과 이승훈, 사회복지학과 김상균, 대구사회연구원의 김규원, 전북대 송기도, 그리고 광복 60년 기념사업추진위원회의 한상진이 참여했다.

가장 고심했던 의제는 포럼의 전체 주제였다. 정치, 외교, 경제, 사회 각 부문의 현주소를 점검했고, 미래의 방향, 비전, 원칙 등을 토론했다. 그리고 많은 토론 끝에 우리는 '역동적 균형'의 화두를 선택했다. 딱딱한 듯하지만 이념적 컬러가 없고 우리의 현대사를 읽는 하나의 비판적 안목이면서 또한 미래를 평가하는 규범적 잣대의 역할을 할 것으로 보았기 때문이다.

시간의 제약으로 포함했으면 좋았을 분야를 모두 포괄할 수 없었다는 아쉬움이 있다. 그러나 선정된 15개 분야에 관해서는 당대 최고의 경륜을 갖춘 전문가들이 발표와 토론 및 사회의 역할을 해주었다고 자부한다. 이에 이들에게 우선 심심한 사의를 표하는 바이다.

출판 준비과정에서 우리는 발표자들에게 토론과정의 의견이나 요구를 최대한 반영할 것과 역동적 균형의 의미를 보다 분명히 해줄 것을 요구했다. 아울러 발표자들이 공동저자로 참여하는 형식의 단행본을 4권 출간하기로 했다. 그리고 1권의 맨 앞에 "왜 역동적 균형인가?"를 밝히는 글을 한상진이 집필하기로 했으며, 모든 논의를 수합하여 역동적 균형의 의미를 정리하는 논문을 이재열이 집필하여 4권의 끝에 싣기로 했다.

이렇게 하여 4권의 책이 출간되지만 많은 분들의 헌신적 노고가 있었다. 광복 60년 기념사업위원회에서는 홍윤식 추진단장을 포함하여 이재풍, 김창수가 행정적으로 번거로운 일들을 처리해 주었다. 대구사회연구소의 이상률, 전북대 사회과학연구소의 이경희, 그리고 서울대 사회발전연구소의 김홍중 박사와 김주현, 정필주를 비롯한 연구진들은 전체 행사의 진행에 꼭 필요한 역할들을 수행하였다. 끝으로 이 내용을 책으로 묶어내는 데 큰 도움을 준 나남출판의 조상호 사장과 방순영 부장께도 깊은 감사의 뜻을 전한다.

2006년 8월
한상진 · 이재열

역동적 균형과 한국의 미래 2

새로운 성장동력과 균형발전

차 례

1 성장동력 강화와 균형성장

이승훈

1. 지속가능한 성장

광복 이후 60년의 시간은 실로 격동과 고통의 소용돌이였다. 특히 신라 통일 이후 1천 년 이상을 하나되어 살던 민족의 분단과 골육상쟁은 광복의 감격을 상쇄하고도 남는 비극이었다. 그러나 비록 남쪽에만 국한된 성취이기는 하지만 우리 경제의 경이적 성장은 수천 년 동안 절대빈곤에서 허덕이던 대다수 국민들의 생활을 이른바 중진국 수준까지 끌어올렸다. 유사 이래 연례행사처럼 한 해도 거르지 않고 찾아온 보릿고개는 '가난은 나라도 못 구한다'는 체념을 강요하였으나 지난 반세기의 고도성장은 마침내 절망의 강토에 오늘날과 같은 역동적 산업국가를 건설하기에 이르렀다. 이 성취는 민족사상 가장 빛나는 성취의 하나로 평가될 만하다. 1960년대에는 누구나 알던 절량농가라는 말이 요즈음에는 40대들까지 생소하게 느끼는 어휘가 될 정도로 세상이 엄청나게 변한 것이다.

이처럼 기적적 성장을 가능하게 만든 성장동력은 무엇인가? 물론 우리 국민 전체가 힘을 합쳐 이룩한 성과가 고도성장으로 나타났음은 분명하다. 그러나 꼭 같은 국민이 과거에는 이루지 못한 성과를 어떻게 특정시대에만 성취하였는지에 대해서는 별도의 설명이 필요할 것이다. 전쟁이 파괴해 버린 폐허 위에 짧은 기간 동안 세계가 놀랄 만큼 훌륭한 산업기지를 건설해낸 성장동력은 과연 무엇인가? 그리고 지난 세기 말 환란이 강타하고 간 이후 침체한 우리 경제의 새로운 도약을 보장할 성장동력은 또 무엇이겠는가?

경제성장과 경제발전을 보는 사람들의 인식은 다양하다. 어떤 사람들은 경제활동의 양적 규모가 커지는 과정이라고 파악하는가 하면 어떤 사람들은 성장과실의 분배과정을 포함하여 국가 경제생활 내용의 개선까지 성취하는 과정이어야 한다고 주장한다. 생산제품의 구조가 고부가가치를 지향해야 하는 것은 물론이고 생산방식이 첨단화/고도화해야 하며 환경을 보존해야 하고 나아가서는 성장과실의 분배가 정의롭게 이루어져서 궁극적으로 모든 국민들의 삶의 질이 개선되어야 한다는 것이다. 이처럼 여러 견해가 차이를 보이면서도 모두 한결같이 공통적으로 요구하는 조건은 경제활동규모의 양적 확대다. 어떤 경우건 경제의 성장동력이 결코 경제활동규모를 줄이는 능력이어서는 안 된다는 말이다. 성장 일변도의 자세를 경계하는 시각도 지나치게 높은 총생산 증가속도를 우려할 뿐 양적 규모의 축소를 요구하지는 않는다. 사실 경제활동규모가 양적으로 축소되는 경제발전을 상정하기는 어렵기 때문에 현존하는 모든 나라들은 GDP 증가율을 성장률로 삼는다.

그러나 경제성장률이 높은 것만으로 국민들의 삶의 질이 개선되고 있다고 판단할 수 없음은 물론이다. 지표상으로 높은 성장률을 보인 산업화는 보통 환경의 파괴를 수반하였고, 사람이 살기 어려울 정도로 오염된 환경은 결국 더 이상의 성장을 불가능하게 만든다. 윤리적으로 말하더라도 현 세대는 미래세대도 같이 풍요로운 삶을 누릴 수 있도록 (천연자원을 포함한) 환경자원을 유지, 보존해야 한다. 또 급속한 경제성장이 내적 불균형을 심화하면 사회적 안정이 무너지고 더 이상의 성장이 불가능할 수도 있다. 경제성장이 야기한 환경적 재해나 사회불안 등이 더 이상의 성장을 불가능하게 만든다면 이러한 양적 확대의 경제성장은 결코 삶의 질을 개선하는 발전이라고 말할 수 없다. 생태계가 파괴되지 않고 유지되고 번성하는 가운데 경제적 삶이 풍요로워지고 사회적으로 화합하는 성장이 바람직한 것이다. 이처럼 경제성장은 생물학적, 경제적, 그리고 사회적 측면에서 사람들의 삶의 질에 영향을 끼친다. 경제성장이 이 세 가지 체제목표에 모두 부합하는 가운데 이루어질 때만 사람들은 삶의 질을 개선할 수 있고 이러한 성장만이 지속될 수 있다고 파악하는 지속가능발전(*sustainable economic development*)의 개념은 단순한 양적 규모확대가 아닌 방식의 성장을 요구한다.[1] 지속가능발전의 개념은 아직 확고하게 정립된 것은 아니다.[2] 그렇지만 성장동력의 본질은 기본적으로 지속가능한 발전의 동력이어야 함은 분명하다 할 것이다.[3]

2. 경제발전과 그 동력

경제활동 규모를 결정하는 것은 생산이다. 생산활동이 환경을 오염하지 않으면서 활발하게 전개되고 확대되어야 경제는 성장과 발전을 도모할 수 있다. 경제학에서는 특정시점의 국내총생산이나 총생산의 성장률을 보통 그 나라의 인구, 자원, 기술, 그리고 사회제도 등 여러 복합적 요인들의 함수로 파악한다. 인구만 해도 전체 사람 숫자만이 아니고 연령별 성별구성, 구성원들의 체격/체력과 건강상태, 교육, 기술습득 정도, 그리고 노동참여율 등 여러 요인들이 생산에 기여한다. 자원은 경제학적 생산요소인 토지를 뜻하는데 땅의 면적만이 아니라 비옥도, 땅에 소장된 모든 천연자원, 기후, 지형, 수자원 접근성, 기타 자연환경 및 위치 등을 포괄한다. 기술은 주어진 인구와 자원으로 성취할 수 있는 생산의 상한선을 규정한다. 개별생산단위가 구축한 생산설비와 사회간접자본, 그리고 인력에 체화된 형태로 작용한다.

---

1) Edward B. Barbier, 1987, "The Concept of Sustainable Economic Development", *Environmental Conservation*, 14(2) Summer, pp.101∼110.

2) Johan Holmberg and Richard Sandbrook, "Sustainable Development: What Is To Be Done?", in *Making Development Sustainable*, Johan Holmberg, ed., Washington, D. C.: Island Press, 1992.

3) 학술적으로는 성장(*growth*), 발전(*development*), 그리고 진보(*progress*)를 각각 엄밀하게 구분하는 것이 일반적이다. 그러나 이 글에서는 이 용어들을 같은 의미로 사용하기로 한다.

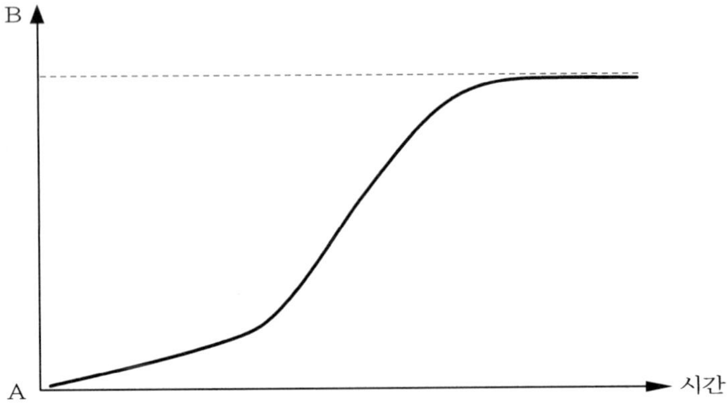

생산은 인구를 부양하는 능력이 되므로 기술은 결국 주어진 자원으로 부양할 수 있는 인구와 그 생활수준의 상한을 결정하는 셈이다. 인구, 자원, 그리고 기술을 엮어서 이루어내는 성취는 사회적 제도와 가치관에 의하여 좌우된다. 세부적으로 계층구조와 규모, 계층별 경제적 기반과 계층간 유동성, 정치제도, 지배세력과 일반대중의 종교적 또는 이념적 성향, 기업과 노조와 농민단체 등 자발적 조직집단의 특성, 교육제도와 가족구조 등 제반 사회문화적 체계가 경제적 성취를 좌우하는 것이다. 이처럼 경제성장 또는 경제발전에 영향을 끼치는 요인은 사실 수없이 많다고 할 수 있다.

이 많은 성장요인 가운데에서도 가장 본원적인 것은 기술혁신이다. 하나의 기술혁신이 불러오는 성장은 이른바 길게 늘어뜨린 S자 형태의 성장곡선(*logistic curve*)의 모습으로 나타난다.

역사적으로 성장의 성과는 결국 인구의 증가로 실현되었다. 그러므로 성장곡선의 모습은 인구의 증가를 나타내기도 한다.[4] 폐쇄된 상자 속에 일정한 양의 먹이를 주고 생물을 증식하면 그 숫자도 이 곡선과 꼭 같은 형태로 증가한다고 한다. 점 A의 시점에서 혁신이 이루어지면 이에 따라 생산량이 늘기 시작한다. 혁신을 수용하여 실제 생산에

4) Rondo Cameron, *A Concise Economic History of the World*, Oxford: Oxford University Press, 1989.

이용하는 데는 시간이 걸리고 이 방법이 경제 전체에 확산하는 데도 시간이 걸린다. 혁신적 기술을 수용하여 생산하는 단위가 늘어나면 생산량도 이에 따라 증가하는데 그 모습은 성장곡선을 따른다. 그러나 혁신의 수용이 종결되고 나면 생산량은 더 이상 증가하지 못한다. 혁신이 가져다주는 생산량의 증가는 그림의 AB로 한정되는 것이다. 생산량이 더 증가하려면 또 다른 혁신이 잇달아 일어나야 한다.

결국 경제발전을 이루어내는 근본적 동력은 기술혁신에서 나온다. 기술을 혁신하고 혁신적 기술을 수용하여 생산에 활용하는 힘이 성장동력이 되는 것이다. 그러면 무엇이 혁신을 촉발하고 생산력을 강화하는가? 결론부터 말하면 기업가의 능력이다.

3. 기업주도적 생산과 혁신

현대의 시장경제에서 생산활동을 주도하는 단위는 기업이다. 모든 다른 성장요인은 여건일 뿐이며 직접 활동하는 단위는 기업인 것이다. 그런데 기업은 이윤추구를 목적으로 생산활동을 벌인다. 그리고 기업의 사적 이윤추구가 사회적 이익을 실현하도록 여건이 마련되면 자유방임의 생산활동이 공익을 실현한다. 예컨대 기업이 환경을 보존하는 생산을 펼쳐야 이익을 볼 수 있도록 환경규제를 시행, 유지하면 환경을 파괴하지 않는 성장과 발전이 가능하다. 어떠한 경우에도 기업활동이 활발하게 일어나고 기업이 번성하여야 국가경제는 성장하고 발전할 수 있다. 반대로 기업활동이 위축되고 많은 기업들이 파산하여 문을 닫는 나라는 예외 없이 가난에 허덕인다. 영리추구적 기업활동이 환경 등 공익을 훼손하지 않도록 하는 데 필요한 최소한의 규제는 시행해야 하지만 불필요하게 기업활동을 위축시키는 국가간섭은 국가경제의 성장과 발전에 걸림돌이 된다.

왕성한 기업활동이 국민적 삶의 질을 높이는 과정을 간단히 말해보자. 기업은 사람을 써야 하므로 수많은 기업들이 번성하는 나라에서는 일자리가 넘쳐난다. 일자리가 넘쳐나서 사람이 모자라면 임금은 오르고 근로조건도 좋아지기 마련이다. 사람들은 더 좋은 직장을 골라서 선택할 수 있다. 임금수준이 높고 고용비용이 과다한데 기업들이 투자하는 일이 있겠는가 라는 의문을 제기할 수도 있겠지만 그럼에도 불구하고 기업들이 투자하도록 만드는 여건을 조성하면 될 것이다. 현실을 보자. 임금이 낮고 근로조건도 열악한 가난한 나라의 공통점은 쓸 만한 기업들이 없다는 사실이다. 고용비용이 낮지만 기업들이 투자하지 않는다. 반면에 수많은 세계 일류기업들이 활발하게 경쟁하는 선진국에서는 임금도 높고 근로조건도 좋다. 고용비용이 높아도 노동생산성 등 여러 다른 조건들이 훨씬 더 좋으므로 기업들이 투자하는 것이다.

기업들은 기업하기 좋은 환경에서 생겨나고 기업하기 좋은 환경으로 몰려든다. 각종 경제개발전략은 결국 기업하기 좋은 환경을 조성하는 정책일 따름이다. 사람에 따라서는 성공적 개발전략에서 성장동력을 찾으려 하기도 하는데 이것은 잘못된 접근이다. 개발전략은 어디까지나 여건조성 정책일 뿐 여건을 활용하여 기업하는 능력 자체는 아니기 때문이다. 아무리 좋은 여건에서도 능력 없는 기업은 실패하기 일쑤이고 많은 기업이 실패하면 성장은 불가능하다. 결론부터 말한다면 성장동력은 기업하는 능력이다. 정부개입 전략과 시장의존 전략 가운데 어느 것이 국가경제의 성장을 도모하는 데 더 효과적인지에 대한 학계의 논쟁은 치열한데, 사실은 정부든 시장이든 이것이 그 나라 사람들의 기업하는 능력을 배양하는 데 성공한다면 경제성장을 이루겠지만 그렇지 못한다면 실패할 뿐이다.

사회적 분업이 진전되면서 사람들이 생산하는 재화와 용역은 내가 쓸 물자에서 남들이 쓸 상품으로 바뀌었다. 품목별로 보면 내가 쓸 물자의 수량에 비해 남들이 쓸 물자의 수량은 비교할 수 없을 만큼 방대하다. 생산활동이 품목별로 전문화하면서 대형화하고 결국 대규모 자본의 기업이 생산활동을 주도하는 단계에 이르게 된다. 내가 쓸 모든 물자를 스스로 생산하는 자급자족의 생활이 기업에 의한 시장경제의 상품생산으로 바뀌면 생산에 종사하는 노동은 지도노동(*directing labor*)과 피지도노동(*directed labor*)으로 분할된다.[5] 지도노동은 무엇을 어떻게 생산할지를 결정하고 실제 생산과정을 주도하고 관리하는 노동으로서 기업가/경영자의 역할로 나타난다. 피지도노동은 지도노동이 부과한 과업을 실제로 수행하는 노동으로서 임금과 월급을 받으며 고용된 일반 노동자들의 역할이다.

근로자들이 땀 흘리며 주어진 과업을 성실하게 수행하는 것도 분명히 성장동력을 구성하는 주요 요소다. 그러나 팔리지 않는 상품을 생산하는 데 투입한 근로자의 노동은 그 흘린 땀이 아무리 많더라도 결국 헛일로 끝나고 만다. 즉 성실한 근로대중의 생산현장노력만으로는 경제적 보상을 기대할 수 없고 경제성장도 보장하지 못한다. 근로자들의 현장노력이 결실을 거두려면 우선 이것을 투입해서 생산할 상품을 제대로 선택해야 한다. 무엇을 어떤 방식으로 생산할 것인지를 제대로 결정해내는 능력이야말로 기업하는 능력의 수준을 높이는 요인이다. 개별 근로자의 땀방울도 중요하지만 그보다 먼저 이 값진 땀방울을 어디에 흘려야 할 것인지를 결정하는 기업가의 능력이 더 중요하다. 그리고 생산현장의 육체적 작업을 수행할 수 있는 사람들은 많지만 유능한 기업가는 희소하다.

개별 노동자의 성실한 근로가 풍요를 보장하지 못한다는 말은 '개미와 베짱이'의 우화에 익숙한 귀에는 매우 이상하게 들릴 것이다. 그러나 산업사회의 일은 우화시대의 일과는 매우 다르다. 어느 시대건 사람들은 나를 위해서 일한다. 우화시대의 사람은 개미나 로빈슨 크루소처럼 자신이 직접 소비할 물자를 채취, 사냥하고 농사짓는다. 당연히 일을 많이 하면 할수록 더 많이 거두게 되어 있다. 그러나 고도로 분업화한 산업사회의 인간은 남이 소비할 물자를 생산한다. 특히 시장경제에서는 나는 남에게 내가 생산한 물자를 팔아서 돈을 벌면 된다. 역시 나를 위한 생산이지만 그 형태는 남들이 쓸 물자를 만드는 것이다. 내가 쓸 물자의 생산이라면 많이 만들수록 당연히 많이 누린다.

그러나 남들이 쓸 물자를 생산하는 경우에는 내가 많이 만든다고 해서 반드시 많이 누리는 것이 아니다. 내가 만든 물건을 남들이 사주지

---

5) Joseph A. Schumpeter, *The Theory of Economic Development*, New York: Oxford University Press, 1961.

않으면 아무리 많은 노력을 들여 많이 만들었더라도 나는 결코 아무것도 누릴 수 없다. 내가 많이 누리려면 내가 원하는 일이 아니라 남들이 원하는 일을 해야 한다. 남들이 원하는 일을 많이 할수록 내가 더 많이 누리는 것이 산업사회 시장경제에서 나타나는 일의 모습이다. 이제는 단순히 땀 흘려 고생하기만 하면 많이 누리는 시대가 아니다. 남들이 원하는 일을 제대로 찾아서 일을 해야 성과를 거두는 시대다. 내가 무엇을 원하는지는 내가 잘 알기 때문에 자급자족시대에 내가 무엇을 생산해야 할지를 걱정할 필요는 없다. 그러나 남들이 과연 무엇을 원할지를 파악하는 일은 결코 쉬운 일이 아니다. 10년 뒤 세상이 무엇을 원할지를 알아야 지금 그에 대비하여 투자할 수 있는데 예상이 빗나가면 수많은 근로자의 피지도노동과 모든 투자금액이 순식간에 증발하고 만다. 기업하는 능력의 핵심은 무엇보다도 투자를 결정하고 생산을 관리하는 기업가의 능력이다.

4. 영리추구의 윤리성과 기업의 사회적 책임

1) 이기심에 토대한 상호협동

남들이 원하는 일을 많이 하면 그만큼 더 많이 벌기 때문에 시장경제에서 돈을 많이 번 사람은 그만큼 남을 위해 많이 노력한 사람인 셈이다. 시장경제는 더 많은 돈을 벌고자 하는 사적 욕망을 자극하여 결과적으로 남들을 위한 물자생산에 최대한 노력하도록 사람들의 일을 유도하는 경제체제다. 일하는 능력이 성장동력으로 되고 사람들은 사적 욕망충족을 위해서 일한다면 결국 성장동력의 근원은 인간의 물욕으로 귀착된다. 인간의 물욕을 잘 자극하는 경제체제만이 성장동력을 최대한 배양하고 가동할 수 있는 것이다.

시장경제에서 기업이 추구하는 바는 이윤이다. 외형적으로는 다른 사람들이 필요로 하는 상품을 생산하고 있지만 실제로 추구하는 바는 자신의 이윤이다. 내가 포도주를 곁들인 비프스테이크와 빵으로 저녁

식사를 즐길 수 있는 까닭은 식재료를 제공한 포도주 양조장, 푸줏간, 그리고 빵가게 덕분이지만 나는 결코 그들에게 감사해야 할 이유가 없다.[6] 물론 그들의 노력이 없었다면 나의 저녁식사는 불가능했겠지만 그들은 각자 자신의 이익을 추구해서 나에게 식재료를 판 것일 뿐 특별히 나를 염두에 두고 나를 위해서 행동한 것이 아니기 때문이다. 이처럼 시장에서 각 개인은 자신의 이익만을 추구해서 일하지만 그 결과는 모든 사람들이 다른 모든 사람들을 위해서 일한 것으로 나타난다.

자신의 이익만을 추구하는 개인의 이기적 행동이 오히려 서로서로를 돕는 결과로 연결된다는 것이 시장경제의 원리다. 사람들의 물욕이 경제를 이끌어가고 성장시킨다는 것이다. 그런데 서로 더 먹겠다고 다투는 물욕을 추악한 것으로는 규정할지언정 도덕적으로 정당하다고 평가하는 문화는 거의 없다. 인도가 낳은 성웅 간디는 물욕을 만악의 근원으로 규정하였다. 고려 말 강직한 충신 최영 장군도 황금을 돌같이 보라는 교훈 속에서 자랐고, 의좋은 형제가 모처럼 황금을 횡재하였지만 욕심이 우애를 해칠 기미가 보이자 미련 없이 금덩이를 강물에 던졌다는 '투금탄'(投金灘)의 전설은 오늘날까지도 미담으로 전해진다. 사람들이 욕심만 버리면 1인당 GDP가 5천 달러에 머물더라도 서로 오순도순 살 것이다. 남보다 더 잘 살겠다고 악다구니 쓰고 다투면서 3만 달러를 벌어낸들 그 삶의 질은 오히려 처참할 따름이라는 주장도 제기된다. 사람들이 '이'(利)를 추구하면 인성이 피폐해지므로 마땅히 '의'(義)를 앞세워야 사회가 바로 선다는 가르침도 있고, 깊은 산중 암자에서 무소유를 권하는 높은 스님의 말씀은 각박한 오늘의 세태를 살아가는 중생의 가슴에 절절히 와 닿는다. 이처럼 사람의 물욕은 그대로 방치하면 안 되고 철저히 다스리고 극복해야 하는 대상이라는 것이 인간사회 전반의 인식이다.

---

6) Adam Smith, *An Inquiry into the Nature and Causes of the Wealth of Nations*, London: Oxford University Press, 1976.

2) 물욕의 윤리성

당연한 말이지만 물욕을 경계하는 교훈이 이처럼 많은 것은 사람이 물욕으로부터 자유롭기가 지극히 어렵기 때문이다. 실제로 물욕은 인간행동을 결정하는 가장 강력한 요인 가운데 하나다. 우선 기본생존을 위해서라도 사람들은 물자를 필요로 하고 편의와 안락을 원하면 더욱 많은 돈이 필요하다. 직장생활은 일반인 하루생활의 대부분을 점유하는데 좋든 싫든 인간 생업의 기본내용은 돈 버는 일이다. 그런데 돈은 흥청망청 많은 것이 아니기 때문에 이것을 벌려는 사람들은 치열하게 경쟁을 벌여야 한다. 서로 더 먹겠다고 온갖 수단을 다 동원하여 벌이는 탐욕스런 인간들의 경쟁은 인간사회의 추악한 모습의 핵심이다. 일반적으로 살아가는 데 필요한 최소한의 물자를 원하는 물욕을 지탄하는 사람은 없지만 지나치게 많은 것을 바라는 탐욕은 지탄의 대상이 되는 것 같다.

모든 물욕은 돈과 물자를 원하지만 원하는 것을 얻는 행동은 여러 형태로 나타난다. 도둑질하고 속이고 빼앗는 경우도 있고 스스로 땀 흘려 남의 필요를 충족해 주고 그 대가로 얻는 수도 있다. 남이 원하는 일이 악한 일이 아닐 때 그 일을 성실하게 수행하고 대가를 받는 일은 수도원에서 신에 봉사하는 일과 마찬가지로 세속에서 신에 봉사하는 일이라고 청교도정신은 규정한다. 돈과 물자를 원한다고 해서 모든 물욕이 다 추악하고 타기해야 할 대상은 아니라는 것이다. 시장경제의 기업은 잘 팔릴 상품(즉 많은 사람들이 원하는 상품)을 개발하고 자원을 절약하며(즉 비용을 최소화하며) 상품을 생산하여 이윤을 추구한다. 그러므로 기업이 탈법적 수단을 동원하여 돈을 벌지 않는 한 이윤이 크면 클수록 다른 사람들의 방대한 필요를 충족하는 데 희소한 자원을 그만큼 효율적으로 활용했다는 증거가 된다. 이윤규모가 엄청나더라도 이것은 이러한 공로에 대한 포상일 뿐이다. 결코 해당 기업을 과다한 이윤이나 추구한 추악한 탐욕의 화신으로 매도할 일이 아니다.

3) 기업의 사회적 책임

경제성장을 주도하는 기업활동의 동기가 본질적으로 이윤추구라면 탈법적 행태가 아닌 한 기업이윤은 보호해야 한다. 단순히 과다하다는 이유만으로 정당한 이윤까지도 사회환원을 요구하는 등 기업이윤을 제대로 보호하지 않는 기업환경에서는 기업활동이 저조하게 마련이다. 열심히 노력하여 사회가 원하는 상품을 생산해 놓아도 제대로 보상받지 못한다면 사적 이익을 추구하는 기업들이 혼신의 힘을 다할 리 없다. 현실의 투자는 심각한 위험을 부담하는 모험이다. 성공하면 좋지만 실패하면 투자한 거금을 송두리째 날리고 파산하여 패가망신하기 일쑤다. 실패의 책임은 전적으로 기업이 지는데 요행히 성공하더라도 이윤의 상당부분을 사회에 환원하도록 요구받는 사회라면 과연 투자할 기업이 있겠는가?

물론 이윤의 상당부분이 정권과 부정하게 결탁하여 얻은 것이라면 이것을 기업의 정당한 몫이라고 인정할 수 없다. 탈세와 같은 불법적 방법으로 만든 이윤도 마찬가지다. 그러나 이처럼 기업이 부당하게 얻은 이윤은 사회환원의 대상이 아니라 몰수대상이고 관련 기업가는 형사처벌 대상이다. 불법적 행동은 덮어두고 사회환원의 허울 좋은 명분 아래 부당이윤의 일부만 토해내는 것으로 마무리한다면 이것은 결코 제대로 된 일처리가 아니다. 기업의 불법적 소득에 대해서는 단호히 처벌하고, 합법적 이윤에 대해서는 엄격하게 보호하는 것이 옳은 일처리다. 불법적 소득에 대하여 사회환원 요구로 그친다면 기업의 불법행위는 결코 근절되지 않을 것이고 합법적 이윤에 대해서도 이런 저런 이유를 들어 사회환원을 요구한다면 기업의욕만 위축시킬 것이다. 자신의 제품에 중대한 품질 결함이 있음을 알면서도 기업이 이것을 은폐하는 행위 또한 부당한 이윤추구다. 몰래 환경을 오염시키는 행위도 마찬가지다. 소비자를 속이면서, 환경을 오염하면서 이익을 도모하는 기업에게 사회적 책임을 추궁한다면 기업의 사회적 책임은 본질적으로 영업행위의 합법성에 대한 요구다.

기업의 영리추구 행위는 사회적 필요의 상당부분을 매우 효율적으로 충족한다. 그러나 기업이 충족하지 못하는 사회적 필요도 적지 않다. 극빈자 구호나 재해난민 구호와 같은 사업은 돈이 들어가기만 하고 수익성은 전혀 없는 공익사업이므로 이윤을 추구하는 기업들의 관심사가 아니다. 그런데 사람들은 돈 잘 버는 기업들이 이러한 공익사업에 돈을 써야 한다고 생각하고 실제로 많은 기업들은 공익재단을 설립하고 구호성금을 내는 방식으로 공익사업에 참여한다. 참여를 거부하다가는 쏟아지는 대중의 따가운 시선을 견디기 어렵기 때문이다. 그러나 엄밀하게 말하여 공익사업은 정부의 몫이다. 기업은 성실하게 세금만 납부하면 된다. 만약 기업이 돈을 더 낼 필요가 있다면 그만큼 더 세금을 올릴 일이지 성금을 거둘 일이 아니다.

기업이 투자를 기피하면 기존설비가 마모되면서 기업활동은 결국 쇠퇴할 수밖에 없고 성장동력도 고갈될 수밖에 없다. 기업의 사회적 책임은 성공할 사업을 제대로 골라 활발하게 투자하고 세금을 꼬박꼬박 내고 국민들에게 좋은 일자리를 지속적으로 제공하는 것으로 충분하다. 다시 말하여 이윤을 많이 버는 기업이 사회적 책임을 다하는 기업이다. 세금도 많이 내면서 양질의 일자리를 제공하기 때문이다.

일부 기업들이 사회에 빚을 진 바 있다고 굳이 지적하려 한다면 정부가 경제개발과정에서 이들에게 특혜적 지원을 집중한 사실을 문제 삼을 수 있다. 재계가 현대적 제조업을 경영할 능력을 갖추지 못한 상태에서 한국정부는 유망 경영자원을 발굴하여 집중 지원하는 특정기업지원(*firm-specific subsidies*)적 개발전략을 펼쳤다.[7] 정부지원은 성공하였고 그 결과 급성장한 재벌기업들은 많은 일자리를 창출하였다. 이 성과를 두고 일부 사람들은 성공한 기업들이 국민들에게 빚을 지고 있다고 생각하는 반면 다른 일부 사람들은 정부가 의도한 대로 많은 일자리를 창출, 제공하였으므로 더 이상 빚을 진 바는 없다고 생각한다. 개발시대의 정부 특혜를 보상하라는 식의 사회적 책임론의 설득력은 그만큼 약한 것이다. 설혹 보상할 필요가 인정되더라도 그것은 일회적인 것으로 끝나야 한다. 18세기 중엽에 시작한 영국의 산업혁명은 정

---

7) 이승훈 《재벌체제와 다국적 기업》, 서울대학교 출판부, 2005.

부가 개입하지 않은 가운데 일어난 순수한 민간부문의 업적이었다. 그러나 그 이후 다른 나라들에서 일어난 산업화는 예외 없이 정부가 깊숙이 개입하는 가운데 이루어졌다.[8] 이들 나라에서 정부는 구체적 방식에서는 차이를 보였지만 일부 집단을 집중 지원함으로써 단기간 내에 산업화를 이루었다는 점에서는 차이가 없었다. 지원받은 집단은 국가경제의 산업화 과정에서 정부가 기대한 대로의 역할을 수행한 것만으로도 사회적 책임을 완수한 셈이다.

5. 성장동력 강화의 길

1) 기업경쟁력 강화

성장동력을 강화하려면 기업하는 능력을 키워야 한다. 기업하는 능력은 기업가/경영자의 지도노동 능력에서부터 설비/기술의 첨단성, 그리고 근로자들의 피지도노동 능력 등 여러 가지 요인들로 구성된다. 그리고 기업활동은 근로자, 채권자, 부품업자 및 각종 용역제공자 등 여러 이해관계자들이 기업가가 주도하는 가운데 서로 협력하는 협동생산체제로 이루어지는 만큼 이해관계자들 간의 협력이 제대로 이루어져야 좋은 성과를 거둔다. 그러므로 협동생산 참여자들의 이해관계를 절충하는 제도나 방식 또한 기업성과에 크게 영향을 끼친다. 우수한 기업성과를 만드는 기업능력은 바로 기업의 경쟁력이다. 기업경쟁력이 바로 성장동력으로 직결되는 것이다. 그러면 기업경쟁력을 형성하는 요인은 무엇인가? 결론부터 말하자면 기업경쟁력은 기업가적 역량과 적정한 기업지배구조에서 비롯한다.

기업경쟁력을 좌우하는 가장 중요한 요인은 무엇보다도 지도노동의 수준, 즉 기업가적 역량(*entrepreneurial capability*)이라고 할 수 있다. 유능한 기업가가 나서면 설비와 기술, 그리고 근로자들의 능력 문제까

---

8) Tom Kemp, *Industrialization in the Non-Western World*, 2nd ed., London: Longman, 1989.

지도 기업 스스로 해결할 수 있으므로 기업가적 역량을 제외한 경쟁력 요인들은 일단 부차적인 것들이다. 기업가적 역량은 여러 측면에서 조명해 볼 수 있겠지만 그 본질은 수익성 높은 사업기회를 부단히 개발해내는 능력이다. 사회가 원하는 신상품을 잇달아 개발하고, 기존 상품도 그 생산비용을 획기적으로 절약하면 바로 수익성 높은 사업으로 된다. 신상품개발이나 비용절감은 유능한 기업가가 주도하는 혁신(*innovation*)을 통해서 이루어지는 성과다. 과거에 없던 전혀 새로운 것을 창안하는 활동이 혁신인 만큼 아무나 혁신을 주도할 수 있는 것이 아니다. 유능한 기업가만이 성공적 혁신을 거듭할 수 있는 것이다.

유능한 기업가는 황금이나 석유만큼 중요하고 희소한 자원이다. 지금은 몇백 몇천 명의 유능한 기업가가 수천만 명의 일자리를 만드는 시대다. 시장경제가 발달한 나라에서는 시장경쟁이 유능한 기업가를 판별하고 보상한다. 유능한 기업가에 대한 시장의 보상은 많은 사람들로 하여금 기업가적 자질을 개발하는 데 노력을 기울이도록 유도한다. 과거 1950~1960년대 한국경제의 수준을 보면 미숙한 시장이 유능한 기업가를 선발하는 기능을 제대로 발휘하지 못하는 상태였다. 특히 금융시장은 유능한 기업가를 선별하고 이들에게 자금과 자원을 배정하여 제대로 기업활동을 펼치도록 돕는 역할을 해낼 수 없었던 것이다. 해외시장도 휴전 이후 십 년도 경과하지 않은 남과 북이 험악하게 대치하고 있는 이 땅에서 사업하려는 기업가들을 우호적으로 평가하지 않았다. 아무리 유망한 경영자원이라 할지라도 원천적으로 자금에 접근할 수 없으면 우수한 기업가로 성장하기 어렵다. 박정희 정부의 개발정책은 결국 정부가 유망한 기업가들을 찾아서 이들을 집중적으로 지원한 정책이다. 정경유착과 재벌문제 등 많은 후유증은 남겼으나 유능한 기업가들을 그런 대로 잘 선발하였기에 양적 확대로나마 경제성장의 성과를 거둘 수 있었던 것이다.

정부지원이 절대적이었지만 재벌기업들이 스스로의 능력 없이 정부지원에만 의존하여 성장한 것은 아니다. 무능한 기업가는 아무리 많은 지원을 받더라도 결국에는 실패하고 만다. 재벌체제의 기업가들은 정부지원을 활용하여 여러 현대적 제조업을 건설하면서 스스로의 경영능력을 배양했다. 그리고 그동안 경제가 성장을 거듭하면서 금융시장도, 아직 미흡한 점이 많지만, 어느 정도 발달하여 이제는 정부개입이 없더라도 과거에 비하면 자금과 자원을 그런 대로 유능한 기업가의 유망한 사업에 배정하고 있는 셈이다. 과거처럼 정부가 전방위적 선별기업 지원적 정책을 펼쳐야할 필요성은 소멸한 것이다. 최근 불거진 X파일은 정경유착의 추태를 여실히 폭로하였지만 그 내용은 과거의 비리처럼 특정사업에 대한 기업 차원의 특혜적 지원을 추구한 것이 아니다. 관련기업의 성취가 뇌물로 산 정부특혜 덕분에 얻은 것으로 볼 사람은 없다. 다만 기업정책 일반에 대한 정관계의 협조를 구하고 총수 개인에 대한 특별배려를 노린 것으로 보인다. 지금의 정부는 과거만큼 기업을 도와줄 수는 없으면서, 다만 기업을 징벌할 힘만 가지고 있는 형편이다.

각종 정부규제는 기업가 혁신을 억제하는 요인이다. 혁신은 현재를 부정하는 행동인 만큼 기본적으로 자유 지향적이다. 기업가의 자유로운 발상이 혁신적 창안의 모태다. 규제가 자유로운 발상을 억제하면 혁신적 창안도 제약을 받는다. 정부가 적극 개입하던 시대에 시행하던 각종 규제는 이제는 기업가의 혁신활동에 장애요인이 되고 있으므로 치밀한 검토를 거쳐 과감하게 철폐해야 한다. 국가적 차원의 교육정책이 필수적임은 물론이다. 국민 모두에게 교육기회를 공평하게 제공하여 인적 자원의 능력을 개발하는 것은 매우 중요하다. 이와 더불어 현대적 첨단기술과 경영의 전문가를 양성하려면 수월성을 추구하는 선택과 집중의 교육정책이 절대로 필요하다. 급속히 성장하는 거대 중국은 전국적으로 우수한 인재를 선발하고 국력을 기울여 경제엘리트를 교육하고 있다.[9] 장래에 우리기업들이 중국기업들에게 압도당하지 않으려면 국민 전반적 교육의 강화도 필요하지만 최고 인력을 선발하여 지도노동을 이끌 경제 엘리트를 육성하는 데 특히 노력해야 한다.

---

9) 중국은 경제성장을 추동하는 원동력을 몇 가지로 구분하는데 이 가운데 인적자본(*human capital*)과 지식자본(*knowledge capital*)을 구분하고 있다. 인적자본 육성방안은 일반적 교육 강화이고 지식자본 육성방안은 엘리트 교육과 R&D 확충이다. Angang Hu 서울대 강연록 "National Conditions and Development: The Changes of Five Capitals in China", 2005, 참조.

기업가의 능력이 기업경쟁력을 강화하는 데는 절대적이지만 기업의 이익과 기업가의 이익은 별개다. 기업가도 사람인 만큼 기업생산활동을 주도하면서 자신의 사적 이익과 기업이익이 충돌할 때마다 가능하면 기업이익을 버리더라도 자신의 사적이익을 추구한다. 기업경영의 투명성이 완벽할 수 없는 만큼 이러한 기업가의 도덕적 해이(*moral hazard*)는 불가피하다. 만약 기업의 협동생산에 참여하는 다른 이해관계자들이 기업가의 행동을 의심하기 시작하면 협동생산체제는 원활하게 작동할 수 없다. 주주들은 출자를 꺼리고 채권자는 대출금을 회수하려 하고 노동자는 더 강한 고용보장을 요구한다. 이해관계자들의 이러한 움직임은 생산비용을 높이고 주가를 떨어뜨리며 금융비용을 높인다. 정도가 지나치면 그 결과 기업가의 혁신이 아무리 훌륭하더라도 오히려 손실을 입게 될 수도 있다. 적정한 기업지배구조는 협동생산 참여자들이 최소한 기업가를 의심하지 않고 자기 역할에만 몰두하도록 만든다. 기업지배구조를 개선하면 기업경쟁력은 분명히 개선된다.

기업가의 혁신은 기업경쟁력의 근본이므로 혁신의 의욕과 자유를 저해하는 모든 규제는 시정되어야 마땅하다. 그러나 동시에 기업가의 사적 이익추구가 기업의 이익을 해칠 가능성은 철저히 예방해야 한다. 혁신을 도모할 기업가의 의욕과 자유는 보호되어야 하지만 기업이익에 반하는 기업가의 사적 이익추구는 규제받아야 하는 것이다. 기업가는 기업경쟁력의 핵심이지만 기업과 기업가는 일체가 아니다. 그러나 현실을 보면 이 점을 혼동하는 경우가 많다. 이를테면 정부가 기업지배구조를 개선하려 하면 기업가들은 혁신의욕을 저해하는 조치라고 반발하고, 정부는 정부대로 지배구조개선을 내걸고 기업가의 혁신의욕을 저해하는 규제를 남발한다. 집단소송제에 대한 재계의 우려와 공정거래법상의 출자총액제한제도는 대표적 사례라 할 수 있다.

우리나라의 재벌체제는 고도성장을 이룩한 주역이다. 기업가적 역량이 크게 부족하던 시절 몇몇 능력 있는 창업자들은 정부의 집중적 지원을 거듭 받으면서 짧은 시간에 현대적 산업을 잇달아 건설해냄으로써 전근대적 한국경제의 산업화를 이룩한 것이다. 한정된 개인자금의 창업자가 잇달아 새로운 기업을 창업하고 지배하려면 현재 재벌체제 소유구조의 근간인 피라미드형 주식소유가 효과적이었다. 희소한 경영자원을 최대한 활용하여 짧은 기간 내에 여러 현대적 산업을 건설하려 한 정부도 이러한 소유구조를 권장하였다. 결과적으로 재벌기업들의 소유구조는 재벌총수가 각 계열사에 평균 5% 정도만 출자하고서도 40%의 의결권을 장악하는 구조로 되었다.

기업 경영권을 장악하고 있는 재벌총수가 사적 이익을 추구하면 기업이익이 줄어드는 경우는 허다하다. 이를테면 자녀가 소유하고 경영하는 기업의 제품 등을 비싼 값에 사주면 기업은 손해보지만 총수는 그 손해의 5%만 부담한다. 자녀를 도와준 이익이 이 5%의 손해보다 훨씬 크다면 총수는 얼마든지 손해를 감수하려 할 것이다. 즉, 총수는 사적 이익을 추구하여 기업이익을 즐거이 포기한다. 이처럼 배당권과 의결권의 괴리가 크면 클수록 기업이익과 총수의 사적 이익의 괴리도 커지고 이에 따라 도덕적 해이의 가능성은 더욱 높아진다. 경제가 급속히 성장하면서 유능한 기업가도 많이 생겨났기 때문에 한국경제도 이제는 몇몇 산업영웅들에게 의존해야 하는 경지를 벗어났다고 할 수 있다. 적은 돈을 출자하여 많은 기업을 지배하는 재벌체제의 불가피성은 이미 해소된 것이다. 실제로 환란 이후 재벌체제의 모순점을 시정하려는 기업개혁은 정부가 주도하는 주요 경제개혁과제 중 하나가 되었다.

재벌체제가 규모를 확대하고 사업영역을 확장하는 것은 세계화로 넓어지는 시장을 고려하지 않더라도 경쟁력 강화에 절대적으로 도움이 되는 전략이다. 기업가가 자신의 혁신을 구현하려면 아무 제한 없이 사양산업을 정리하고 신사업에 뛰어들 수 있어야 한다. 그러나 출자총액제한제도는 이러한 사업전략을 제한한다. 물론 이 조치의 의도는 기업가 혁신을 규제하기보다는 재벌총수가 황제처럼 군림하는 영역의 확대를 막고 궁극적으로는 재벌체제의 해체를 겨냥한다. 재벌체제를 해체하면 재벌총수 특유의 도덕적 해이는 해소되고 사적 지배의 편의를 겨냥한 비효율적 계열기업구성도 정리될 것이다. 그러나 이와 더불어 다각화 거대기업의 경쟁력도 사라지고 만다. 황제적 총수의 전횡을 막으려다 기업경쟁력까지 훼손하는 것이다. 재벌기업들의 지배구조를 개선하는 일이 기업가 혁신의 자유와 의욕까지 제한해야 가능한 것은 결코 아니다. 규모확대와 사업영역 확장은 그대로 두면서도 일반주주 보호와 이사회/감사 제도를 강화하면 경쟁력을 강화하는 재벌개혁을 도모할 수 있다.

2) 기업활동 여건 개선

기업가의 혁신능력과 기업지배구조는 기업내부의 경쟁력을 결정한다. 성장동력을 결정하는 요인으로는 기업내부의 능력이 가장 중요하지만 기업활동의 여건도 이에 못지않게 중요하다. 지금은 기업활동 여건이 악화하면 경쟁력 강한 내국인 기업조차 해외로 이전해 버리는 시대다. 국가경제가 성장동력을 갖추려면 국적을 가리지 말고 경쟁력이 강한 수많은 기업들을 국내에 유치하여야 한다. 모든 국민이 좋은 일자리를 가지고 열심히 일해야 국가경제는 성장하는 것이다. 좋은 기업들을 국내에 유치하려면 국내의 기업활동 환경을 그만큼 좋게 만들어야 한다.

기업은 자신의 사업구상을 뜻대로 시행하여 큰 이윤을 벌 수 있는 환경을 원한다. 사회간접자본시설이 잘 구비되고 근로인력의 수준이 높으면 기업들의 투자를 이끌 수 있다. 좋은 기업환경을 구성하는 요인에는 여러 가지가 있지만 기본적으로 기업이윤을 보호하고 혁신적 사업계획을 규제하지 않는 정부가 활발한 기업투자를 유치한다. 불필요한 규제가 많고 예상치 않은 정부규제가 돌출할 가능성이 높은 나라는 기업투자를 유치하기 어렵다. 기업의 투자는 지금 현재의 시점에서 거금을 투입하여 미래에 더 큰 소득을 거두려는 행동이다. 일단 투자하고 나면 그 돈은 잠긴다. 그러므로 사업여건이 나빠지면 투자한 돈을 쉽게 철회하는 일이 불가능하므로 큰 손실을 보게 된다. 그런 만큼 기업은 투자를 시행하기 이전에 먼저 그 장기적 수익성이 안전한지 철저히 점검한다. 정부정책에 일관성이 없어서 미래상황이 어떻게 변할지 예상하기 어려우면 투자의 수익성을 가늠할 수 없기 때문에 대부분의 기업들은 투자를 포기하거나 최소한 유보한다.

우리나라의 험악한 노사관계도 기업투자의 저해요인이다. 좋은 근로조건과 높은 임금은 노조의 요구사항일 뿐 아니라 국가적 목표이기도 하다. 경제발전의 목적은 결국 모든 국민이 높은 임금을 받으며 좋은 근로조건에서 일하는 것이다. 그러나 높은 임금과 좋은 근로조건은 기업에게 높은 고용비용을 부담시킨다. 기업은 고용비용 부담이 높은 만큼 노동생산성이 높아져야 노조의 요구를 수용하려 한다. 노사교섭은 법의 테두리 이내에서 공정하게 진행되어야 하는데 외압이 작용하면 부작용이 생긴다. 상응하는 노동생산성의 개선 없이 고용비용 부담증가를 강요하는 노조에게 밀리면 기업은 정규직 고용을 꺼리고 비정규직 인력을 확대하기 마련이다. 비정규직 노동자가 정규직과 생산성이 같은데도 정규직보다 더 낮은 임금을 받으면서 일한다는 말은 정규직 임금이 시장균형 임금보다 높음을 뜻한다. 비정규직 임금이 시장균형 임금보다 낮을 수 없기 때문이다. 왜인가? 비정규직 임금이 시장균형 수준보다 더 낮은 것이라면 노동시장에 초과수요가 생기고 (비정규직) 인력을 원하는 만큼 구하지 못하는 기업이 나타난다. 이 기업은 필요 인력을 구하기 위하여 임금을 인상할 수밖에 없다. 그러므로 현재 비정규직 임금으로도 필요한 사람을 모두 채용할 수 있다면 이 임금수준이 바로 시장균형임금인 것이다. 즉, 비정규직 임금이 시장균형임금인데 강한 노조가 정규직 임금을 이보다 더 높게 끌어올린 것이다.

정부가 동일노동 동일임금 원칙을 강요하면 정규직 임금을 삭감할 수 없는 기업은 지금 채용하고 있는 비정규직 노동자들을 해고할 수밖에 없다. 즉, 비정규직의 정규직화는 비정규직의 임금을 정규직 수준으로 올리는 것이 아니라 비정규직의 해고로 이어질 뿐이다. 물론 제품시장의 호경기를 맞아 생산량을 유지, 확대할 필요가 있는 기업이라면 고용을 줄이지 않고 임금을 올려줄 수 있다. 그러나 일반적으로 생산성보다 더 높은 임금과 고용비용을 강요하는 노조의 요구를 기업이 물리치지 못하는 환경이라면 기업의 투자는 위축되고 말 것이다.

사실 좋은 근로조건과 높은 수준의 임금은 굳이 강성노조가 쟁취하는 방식이 아니라도 실현시킬 수 있다. 만약 노사관계가 원활하고 노동생산성이 높으며 다른 기업여건도 탁월하다면 기업들은 다투어 투자할 것이고, 기업들의 투자확대는 노동에 대한 수요를 크게 늘릴 것이다. 노동시장은 판매자시장으로 되어 자연스럽게 임금은 오르고 근로조건도 개선되기 마련이다. 싱가포르는 노조활동을 억누르는 나라지만 외자기업들이 서로 투자하려고 나서는 기업환경 조성에 성공함으로써 노조의 투쟁 없이 시장에만 의존하여 고임금 실현에 성공한 나라다.

6. 균형성장의 당위와 한계

1) 개도국의 산업화와 불균형성장

광복 이후 한국경제는 개도국 수준의 전통적 농업경제였다. 전통경제가 가난을 극복하려면 산업화의 과정을 겪어야 한다. 여러 현대적 산업설비를 건설하고 농촌지역의 거대한 잠재실업인구를 고용해야 전통적 가난에서 벗어날 수 있다. 그러므로 당시 한국경제의 당면과제는 무엇보다도 산업화였다. 현대적 제조업은 규모의 경제를 누리는 만큼 그 생산설비는 일반적으로 대형이다. 투자비용이 엄청날 뿐만 아니라 생산량도 방대하다. 때로는 최소효율규모 단일공장의 생산량이 국내수요를 훨씬 능가하기도 한다. 그러므로 개도국의 산업화는 많은 자본과 현대적 기술, 그리고 대규모 시장을 필요로 한다. 보통 개도국들은 이 가운데 어느 것도 갖추지 못하고 있기 때문에 산업화에 어려움을 겪는다. 당연히 외자와 외국기술에 의존해야 하고 생산제품을 세계시장에 수출하는 방도를 모색해야 한다.

어렵게 자본과 기술을 확보하더라도 생산제품을 팔아내지 못하면 공장을 지속적으로 가동할 수 없다. 그러나 현대적 제조업을 운영한 경험이 일천한 개도국 제품이 선진국들이 이미 점유하고 있는 세계 공산품 시장에서 판로를 확보하는 일은 결코 쉽지 않다. 그러므로 팔 수 있는 제품, 즉 단순노동으로 만들 수 있고 선진국 기업들이 쉽게 생산을 포기할 값싼 제품을 생산하는 일부터 시작하기 마련이다. 그것도 수준급 품질의 설비와 원자재를 모두 해외로부터 수입해서 만들어야 세계시장이 요구하는 수준급 품질의 제품을 생산할 수 있다.

이처럼 설비와 기술을 갖추는 것도 문제였지만 제품을 만들고 세계시장에 공산품을 수출하는 일도 문제였다. 수출을 겨냥한 현대적 제조업을 건설하고 경영해본 경험이 전혀 없는 당시에 이 과업을 제대로 수행할 수 있는 기업가는 크게 부족하였던 것이다. 한국정부는 시행과정에서 드러난 실적을 기준 삼아 기업을 선발하고 이들 선발된 기업들을 집중적으로 지원하는 선별기업지원(*firm specific subsidy*)적 개발정책을 전개하였다. 먼저 국내기업 가운데 유망한 몇 개 업체를 선별하여 세계시장의 수출 교두보로 육성하자는 취지였다. 이 정책이 성공하면 공산품 수출의 길이 뚫리고, 생산 공산품의 해외시장을 일단 안정적으로 확보하면 수출 교두보 기업들이 사용하는 설비와 부품/원자재의 국산화까지 도모할 수 있게 된다. 부품/원자재 산업이 수출 교두보 기업들에게 납품하는 과정을 거쳐 독자적 수출산업으로 성장하면 국가경제의 산업화는 더욱 광범위하게 이루어진다. 즉, 수출 교두보 기업들에게 국내 다른 부문의 산업화를 선도하게 함으로써 국가경제 전체의 산업화를 기대하였다.

우리나라 재벌체제의 형성배경은 이와 같다. 그리고 우리나라 중소기업의 대부분은 아직도 세계 수준의 기업으로 성장하지 못한 상태이기 때문에 수출 교두보 기업들이 주도하는 국가경제의 산업화는 지금도 진행중인 셈이다. 당연히 소수 재벌 기업가들에게 정부지원이 집중되었고 국가경제는 불균형성장의 길을 걸어왔다. 대기업들에게 부품을 납품하는 중소기업들은 아직도 세계적 기업으로 성장하지 못한 채 대기업들의 횡포로부터 자유롭지 못한 상태다. 처음부터 국가경제의 모든 부문을 동시에 발전시키기 어려웠던 만큼 불균형성장 전략의 불가피성은 인정해야 한다. 그러나 지원받지 못한 부문에 누적된 정치·사회적 불만을 마냥 방치만 할 수도 없다. 시간이 웬만큼 흘러 산업화가 어느 정도 진전된 이제 균형성장의 요구는 당연히 제기될 수밖에 없는 시대적 과제로 되었다.

2) 균형성장의 두 가지 유형

과거 성장전략이 불균형성장 전략이었기 때문에 균형성장의 문제가 제기되기도 하지만 애초부터 불균형성장 전략을 취하지 않은 경우라 하더라도 균형성장의 문제는 얼마든지 제기될 수 있다. 인간의 물욕이 추구하는 것은 항상 자신이 누릴 몫이다. 사람들은 각자 노력이 자신에게 얼마만큼의 몫을 가져다줄 것인지를 가늠하고 이에 따라서 노력을 기울인다. 사람들의 노력이 함께 어울려 생산해내는 총생산의 규모는 생산기술이 결정하지만 생산에 참여한 한 사람 한 사람 각자의 몫을 결정하는 것은 결국 사회적 규칙이다. 자신의 개인적 몫에만 관심 있는 사람들은 이 규칙에 맞추어 일하기 마련이다. 규칙이 잘못되어 일한 것보다 적게 받는 사람은 일할 의욕을 잃을 것이고 모든 사람들은 각자 일한 만큼은 받아야 의욕을 가지고 열심히 일할 것이다. 그러므로 성장의 크기는 성장과실의 분배규칙과 결코 무관할 수 없다. 굳이 정부가 불균형성장 전략을 취하지 않았더라도 성장과실의 분배규칙이 균형성장과 맞지 않는 경우는 얼마든지 가능하다.

성장과실이 각자 수행한 일과 무관하게 분배된다면 성장은 그만큼 둔화할 것이다. 성장에 기여한 정도보다 그 과실을 적게 주는 분배규칙은 사람들의 노력 유인을 제대로 자극하지 못하기 때문이다. 그러나 순전히 일한 성과에 따라서만 분배한다면 고도성장은 실현되겠지만 능력 유무에 따른 사람간 소득격차는 확대될 것이다. 1960년대 이후 진행된 한국경제의 성장이 다수의 농민과 근로자들의 희생 위에 이루어진 것이라는 주장이 만만치 않지만 이것이 유례없는 고도성장이었다는 사실만으로도 그 분배규칙은 일한 성과를 제대로 반영한 것이었다고 유추할 수 있다. 생각해 보자. 국민 다수에게는 성장 기여분보다 적게 주면서 일부 계층에게만 기여분 이상으로 몰아주는 왜곡된 분배규칙이었다면 과연 대다수 국민의 근로의욕을 충분히 자극했겠는가? 한두 해도 아닌 수십 년 동안 국민들의 일할 의욕이 위축된 상태에서 장기간의 고도성장이 현실적으로 가능했겠는가?

성장에 기여한 만큼 분배받지 못할 때 일할 의욕도 그만큼 위축된다면 제대로 된 분배규칙은 더 높은 성장률을 실현시켜야 한다. 그러므로 고도성장과정에서 분배규칙이 왜곡되어 대다수 국민이 희생을 감수했다는 견해는 실제보다 더 빠른 고도성장이 가능했다는 주장을 내포한다. 역사상 유례없는 경이적 고도성장이라고 평가받는 우리의 경제성장이 그보다 더욱 더 빨리 이루어질 수도 있었다는 주장의 진위를 판정할 현실적 근거는 물론 없다. 그렇지만 유례없는 고도성장이었다는 점만으로도 그간의 성장률이 실현가능한 최고의 수준이었다고 평가해도 무리가 없을 듯하다. 이 평가가 그럴듯하다면 국민의 절대 다수인 농민과 근로자들도 성장에 기여한 만큼 성장과실을 분배받아 왔다고 말할 수 있을 것이다. 그리고 이들이 누린 몫이 적은 고도성장이기 때문에 진정한 발전으로 평가할 수 없다는 견해는 결국 일한 성과에 따라서 과실을 나누는 분배규칙만으로는 국민적 삶의 질을 높이는 발전을 보장하지 못한다고 주장하는 셈이다.

균형성장은 국가경제의 일부만 잘 살게 되는 성장보다는 국민 모두가 두루 잘 살게 되는 성장을 뜻한다. 국민 각자가 성장에 기여한 만큼 과실을 누리는 분배규칙 아래 실현되는 성장(즉 고도성장)과는 다른 개념이다. 우리나라에서 균형성장의 문제가 특히 강하게 제기되는 것은 과거에 정부지원을 집중적으로 받은 재벌기업들이 고도성장을 선도하는 가운데 성장과실의 큰 몫을 점유해왔다고 생각하기 때문이다. 탄압적 노동정책, 중소기업 문제, 농촌문제, 그리고 지역별 불균형문제 등은 그동안의 고도성장 과정에서 형성된 문제들로서 앞으로 우리사회가 적절히 풀어야 할 성장후유증들이다. 탄압적 노동정책은 극도로 적대적인 노사관계를 불러왔고 중소기업 문제는 산업구조 고도화의 가장 큰 걸림돌로 작용하고 있으며, 낙후된 지방 농촌경제는 행정수도 이전의 논란을 불러 올 만큼 심각한 정치사회적 과제가 되었다.

성장과실을 온 국민이 두루 누리는 균형성장은 확실히 바람직한 성장의 모습이다. 성장에 기여한 만큼 과실을 분배받는 규칙 아래 만약 국민 각자가 성장에 고루 기여한다면 이에 따라서 성장과실도 고루 누릴 것이다. 이 경우에 고도성장은 자연스럽게 균형성장으로 실현될 것이다. 그러나 현실의 성장은 기본적으로 경쟁력 높은 기업들이 이루어내는 성과다. 우수한 경쟁력을 갖춘 기업들이 성장과실을 더 많이 누리기 마련인 것이다. 제각기 경쟁력을 강화하기 위하여 치열하게 경쟁하는 현실에서 모든 기업들이 고른 경쟁력을 갖춘다는 것은 불가능에 가까운 만큼 성장 기여도에 따른 과실 분배로는 균형성장의 효과를 거두지 못한다. 기업간 성장기여도의 차이는 불가피하기 때문이다.

결국 균형성장을 실현하는 방안은 두 가지로 요약된다. 하나는 사전적으로 개별기업과 개인의 경쟁력이 고루 발전하도록 만들고 성장 기여도에 따라 과실을 분배받도록 분배규칙을 정한다. 이렇게 된다면 고도성장과 균형성장을 동시에 달성할 수 있을 것이다. 다만 기업별, 개인별 경쟁력이 고르게 발달하도록 유도하는 데 소요될 비용이 문제다. 다른 하나는 개별 경쟁력 배양의 문제는 시장경쟁에 맡겨두고 다만 사후적으로 성장과실을 균형성장에 부합하도록 재분배하는 방법이다. 이 경우에 사후적 소득재분배는 성장기여도에 따른 과실분배라는 고도성장의 분배원칙과 충돌할 수 있다.

3) 불균형 해소와 그 딜레마

기업간 경쟁력 차이의 본질은 기본적으로 관련 기업가들의 능력 차이다. 약간의 정부지원만으로 무능한 기업가를 유능한 기업가로 탈바꿈시킬 수 있다면 후진국의 경제개발은 매우 손쉽게 이루어질 것이다. 유감스럽게도 기업가들의 능력 차이는 정부가 나서서 해소할 수 있는 문제가 아니다. 그러므로 기업별 경쟁력을 고르게 만들려는 정책은 열등한 기업의 경쟁력을 강화하기보다는 자칫 우수한 기업의 경쟁력을 훼손하는 방향으로 전개되기 쉽다.

지역간 균형발전을 도모하는 정책은 낙후된 지역의 열악한 여건을 개선하는 방향으로 전개되는 것이 옳다. 일반적으로 어느 지역이 상대적으로 낙후되었다면 그 까닭은 그 지역이 기업들을 유치하는 데 실패했기 때문이다. 열악한 지역여건은 그대로 놓아둔 채 기업들을 강제 이전하거나 기업들로 하여금 낙후지방에 투자하도록 강요하는 정책은 해당 기업의 경쟁력을 훼손한다. 지방경제는 도움을 받겠지만 국가 전체적으로는 더 큰 손실을 입는 것이다. 기업활동 여건이 나쁜 지역에서 활동하게 된 기업의 경쟁력은 그만큼 약화될 수밖에 없다. 최근 정부는 공기업의 본사를 지방으로 이전하는 국가균형발전계획을 발표하였다. 공기업을 유치한 지방은 경제적으로 도움을 받겠지만 해당 공기업들은 그 이상의 경쟁력 훼손을 감수해야 할 것이다.

지역 균형발전을 도모하려면 선진지역의 기업환경을 악화시키는 것보다 낙후지역의 기업환경을 개선하는 방향으로 정책을 펼치는 것이 옳다. 각 지역이 어떤 방향으로 발전해야 할지에 대해서 가장 진지하게 고민하고 탐구하는 사람들은 그 지역 사람들이다. 이 사람들이 스스로의 힘으로 자신들의 지역발전 방안을 시행할 수 있도록 만드는 것이 가장 중요하다. 만약 이들의 힘과 책임을 행여 중앙정부가 가로채고 있는 것이 있다면 한시 바삐 되돌려주는 것이 좋다. 낙후지역을 효과적으로 발전시키려면 지방자치를 강화하고 그 지방에 대한 중앙정부의 권한과 책임을 대폭 지방정부에 이전해야 한다. 예컨대 법인세의 조세권을 지방정부에 이양하면 지방정부는 법인세 감면을 조건으로 하여 기업들을 유치할 수 있다. 물론 현 단계에서 조세권을 지방정부에 이전하면 중앙정부의 교부금도 함께 대폭 줄여야 한다. 서울, 경기 등 수도권 지방정부는 엄청난 세수를 누리는 반면 낙후된 지역은 더욱 쪼들리므로 단기적으로는 지역간 불평등을 더욱 심화시킬 것이라는 우려도 많다. 조세권 이양과 지방정부 교부금 문제가 해결하기 어려울 정도로 복잡하면 굳이 조세권을 이양하지 않으면서도 중앙정부가 지방에 투자하는 기업들에게 획기적으로 법인세를 감면해주면 된다. 중앙정부의 조세수입 감소를 우려할 수도 있겠으나 지역균형발전이라는 혁신적 과업을 추구하면서 그 정도의 재정부담을 회피해야 하는가? 단순히 수도권 투자를 금지하면 투자가 지방 아닌 해외로 빠질 우려가 적지 않고, 실제로 그렇게 되어 버리면 균형발전은 물론이고 국가경제가 누리는 현재의 양적 규모조차 유지하지 못한다.

사전적으로 개별 기업과 개인의 경쟁력이 고루 발달하도록 조치하고 각자 성장에 기여한 만큼 분배받도록 하는 균형성장은 주어진 성장동력을 최대한 가동한다는 장점을 누리지만 사전적 경쟁력 배양과정에서 훨씬 더 큰 비용을 요구하기 때문에 성장효율은 오히려 매우 낮기 쉽다. 불균형성장전략이 먼저 유망기업의 경쟁력을 집중적으로 배양하는 이유는 이 때문이다. 사후적 소득재분배를 통해 균형성장의 효과를 실현하려는 불균형성장은 경쟁력은 효율적으로 배양할 수 있으나 성장기여분만큼 몫을 분배하지 못하므로 성장효율을 떨어뜨린다. 결론적으로 말하여 균형성장을 지향하는 정책은 어느 방향의 정책이건 성장효율을 낮추는 딜레마를 피하지 못한다. 경쟁력배양의 효율성과 경쟁력 가동의 효율성을 함께 고려하여 최선의 균형성장모형을 택할 수밖에 없다. 불균형성장을 사후적 재분배로 보완하는 전략이 더 효율적인 것으로 알려져 있지만 최종선택과 그 결과에 대한 책임은 그 사회의 몫이다.

7. 발전의 지속가능성과 균형성장

1) 성장동력, 환경, 그리고 정치 · 사회적 안정

지속가능발전(*sustainable development*)은 원래 환경을 오염하지 않는 경제발전을 뜻한다.[10] 그러나 지속적 경제발전을 가능하게 만드는 요인에는 두 가지가 더 있다. 성장동력의 지속적 충전과 정치사회적 안정의 확보다. 지속가능발전도 양적 확대를 토대로 정의되는 개념인 만큼 성장동력을 고갈시키는 발전은 결코 지속가능발전일 수가 없다. 투입물량의 규모에만 의존하는 성장동력은 투입물량이 소진되면 함께 소멸한다. 혁신에 의한 생산성 향상 없이 오직 투입물량을 늘리는 것만으로 성취하는 성장은 투입물량이 언제까지나 무한정일 수 없으므로 결국 한계에 이르기 마련이다. 동아시아 기적에 대한 크루그만의 견해는 정확히 이 점을 지적한다. 또한 저부가가치제품 생산 중심의 산업

---

10) Barbara Ward and Rene Dubos, *Only One Earth-the Care and Maintenance of a Small Planet*, London: Deutsch, 1972.

구조를 떨치지 못하고 노동생산성의 지속적 침체를 벗어나지 못하는 경제는 결코 지속적으로 성장할 수 없다. 이 사실은 굳이 전문가적 판단을 빌리지 않더라도 누구나 알 수 있는 일반적 상식이다. 하나의 혁신이 불러오는 물량적 성장은 성장곡선(*logistic curve*)이 보여주는 바와 같이 일단 어떤 수준에 이른 뒤에는 결국 정지하는 형태로 끝난다. 어떤 경제라도 그 체질을 지속적으로 혁신하지 않는다면 마지막 혁신이 성장곡선을 따라서 이루는 성장을 끝으로 정체상태에 돌입할 것이다.

과거 불균형성장 전략이 추구한 산업화가 아직 대기업과 하도급관계에 놓여있는 중소기업부문의 산업화를 완결하지 못한 상태인 만큼 굳이 균형성장을 지향하는 명분이 아니라 과거 전략을 일관성 있게 추구하기 위해서라도 정부는 중소기업부문의 지원을 강화하여야 한다. WTO 시대는 과거와는 달리 기업에 대한 정부지원을 기술개발과제로 국한한다. 국산화할 필요가 큰 부품 및 장비의 목록을 정하고 그 기술개발을 위하여 성과주의와 같은 객관적 기준에 따라 유망 중소기업들을 선발 지원하는 방식이 바람직하다. 모든 중소기업들을 대상으로 하는 것이 아니라 선발된 중소기업들만을 대상으로 하기 때문에 균형성장의 정신에 완전무결하게 부합하는 정책은 아니다. 그러나 대기업들에 비하여 상대적으로 소외되어온 중소기업들에 대한 지원을 강화한다는 점에서는 균형성장의 명분을 따른다고 말할 수 있다.

일반적으로 물량적 성장을 겨냥하여 자원과 에너지를 대대적으로 소모하는 경제는 환경을 치명적으로 오염시켜 결국 사람이 살 수 없도록 몰아가기 때문에 그러한 경제성장 역시 결코 지속될 수 없다. 이 관점에서 보면 환경을 보호할 수 있을 정도로 경제활동의 양적 성장규모를 통제해야만 성장은 지속될 수 있다. 그러나 지금은 세계 각국이 환경보호를 직접 겨냥한 활동도 경제활동으로 대접한다. 이른바 환경산업은 환경정화에 기여하는 활동이 보상받도록 만든 제반 환경규제 덕분에 일어난 새로운 산업으로 전통적 생산활동을 환경친화적 방향으로 유도한다. 동시에 스스로 생산활동의 중요한 한 부분을 구성하므로 환경산업의 생산활동이 활발하면 할수록 물량적 성장 규모도 커지고 동시에 환경도 깨끗해진다. 환경산업부문의 성과가 생산실적에 추가

되기 때문이다. 다만 환경산업의 기술은 고난도의 선진기술로서 수용하는 데 많은 비용을 부담해야 하므로 개도국들은 여전히 환경 파괴적 기술에 의존하는 전통적 성장노력에서 벗어나기 어렵다. 그리고 그 환경기준은 아직까지는 환경산업을 일으키기에는 미흡한 수준이다.

정치·사회적 불안정도 성장에 걸림돌로 작용한다. 그 자체로 하나의 거대한 사회적 분업체제인 국가경제는 분업에 참여하는 국민들 상호간의 신뢰와 협력으로 유지되는 조직이다. 만약 어느 부문이 생산활동을 갑자기 중단하면 사회적 분업체제의 가동은 큰 차질을 빚는다. 가령 화물 운송업자들이 파업하면 기업들은 원료를 제때 확보하지 못하고 제품을 제때 출하할 수 없다. 이와 같은 생산활동 중단사태가 여러 부문에서 수시로 일어난다면 사회적 분업은 무너지고 경제활동의 양적 규모가 성장하기는커녕 오히려 축소되기 일쑤다. 정치사회적 불안이 분업체제의 기반을 위협하면 투자가 줄어들고 기업은 다른 곳으로 달아난다. 단기적으로는 일자리가 줄고 장기적으로는 성장동력이 고갈된다.

정치사회적 불안정을 유발하는 원인은 여러 가지다. 그러나 여러 원인 가운데에서도 실제로 가장 큰 문제를 유발하는 것은 양적 고도성장이 불러오는 불균형이다. 시장경쟁은 능력에 따라 소득을 분배하므로 능력이 부족한 다수는 능력이 출중한 소수의 지도노동보다 적은 소득을 누리고 지도노동이 희소하면 할수록 그 격차는 커진다. 고도성장이 진행되면 이 차이는 누적되기 때문에 더욱 벌어진다. 저소득을 벗어나려는 사람들의 노력이 자신의 능력을 성공적으로 개발하는 성과로 이어진다면 성장동력은 강화된다. 이른바 시장경쟁이 새로운 성장동력을 창출하는 것이다. 그러나 개인적 능력 개발에는 한계가 있고 모두가 최고로 되는 것은 불가능하기 때문에 소득격차가 저절로 완화되기를 기대하기는 어렵다. 소득격차가 심화된다면 낙후집단의 불만은 누적될 것이고 정치사회적 불안이 야기될 가능성은 커진다. 소득격차의 정당성에 대한 의문까지 야기되면 더욱 그렇다.

2) 성장과 복지

경제성장의 궁극적 목적은 복지사회를 구현하는 일이다. 다 같이 잘 사는 사회라는 막연한 서술로 곧잘 표현되는 복지사회의 모습을 조금만 더 구체화시켜 보자. 아주 단순화시켜서 말하면 복지사회는 일할 능력이 있는 사람들은 열심히 일해서 소득을 얻어 생활하고, 일할 능력이 없는 사람들의 생활은 국가가 도와주는 사회라고 말할 수 있다. 현실의 복지국가는 의료, 교육, 식품, 주거 등 현물이나 현금을 지급하여 도움을 제공한다. 의료, 교육, 식품 및 주거 등은 사람이면 누구나 누려야 하는 기초적 서비스와 물자이므로 현물로 지급한다. 이외에 필요한 기본 생활비는 현금지급으로 돕는다. 지급내용, 정도 및 방식, 그리고 구체적 보호대상은 나라마다 다르다.[11]

현실사회에서 복지문제에 대한 논쟁은 주로 보호대상과 보호수준의 적정성에 대한 것이다.[12] 보호할 필요 없는 사람까지 보호대상에 포함시키고 보호수준을 지나치게 높이 책정하면 이른바 복지병이 문제된다. 그러나 보호해야 할 사람을 충분히 보호하지 않으면 사회는 비인간적 약육강식의 장으로 전락하고 정치 · 사회적 불안이 야기된다. 어떤 사람들을 어느 정도로 보호하고 그에 따른 복지비용을 누가 얼마나 부담하는가 라는 문제에 대해서는 결국 사회가 결정을 내리는데, 결정내용에 따라서 그 결과는 복지사회, 복지병 또는 사회불안 등으로 이어진다.

현재 아무리 잘 살더라도 예기치 못한 재난을 당하면 누구나 사회의 도움을 필요로 한다. 지금은 일을 잘하고 소득이 많은 사람도 노령화나 사고로 일할 능력을 상실하면 소득을 얻을 기회로부터 차단된다. 불가피한 사정으로 갑자기 직업을 잃어도 마찬가지다. 또한 노령화는 아무도 피할 수 없고, 사람에 따라서 노출정도의 차이는 있겠지만, 사

---

11) Nicholas Barr, *The Economics of the Welfare State*, 3rd ed., Stanford: Stanford University Press, 1998.

12) 전달체계의 적정성에 대한 문제도 주요 논쟁거리이지만 여기에서는 성장동력에 직결되는 문제에만 국한시켜 제외키로 한다.

고를 당하거나 실직할 위험으로부터 100% 안전할 수도 없다. 준비 없이 노후를 맞거나 불의의 사고 또는 실직을 당하면 속수무책이다. 물론 사람마다 이런 사태를 대비하여 나름대로 저축하기 마련이다. 개인 저축과 투자는 각자의 능력과 책임에 따라서 이루어져야 마땅하나 불의의 사고나 노후를 대비하는 대책만큼은 확실해야 한다. 비록 수익률은 낮더라도 최소한의 생계비는 확실히 보장하는 저축과 투자가 필요하다. 현명한 개인은 스스로 이러한 대책을 마련하겠지만 더 높은 수익률을 찾아서 노후를 모험에 내맡기는 사람들도 있다. 또 하루하루 먹고사는 일도 힘겨워 노후나 사고를 대비하는 데 미처 신경을 쓰지 못하는 사람들도 많다. 이미 일할 능력을 상실하여 앞날의 대비보다 당장 생활이 문제인 사람들도 적지 않다. 이런저런 이유로 각국은 복지비용을 조달하고 필요한 사람들에게 도움을 제공하는 일은 사회안전망(*social safety net*)이라고 하는 공식기구를 통하여 수행한다. 자유방임주의의 원조라고 할 수 있는 스미스(Adam Smith)조차도 이윤은 남지 않지만 사회에 유익한 사업의 수행은 국가의무라고 규정하였다.[13)]

사회복지제도는 결국 복지에 대한 여러 집단의 요구를 정치적으로 수용한 것이다. 이들 요구는 집단별로 상이하지만 각각 비용은 적게 부담하고 혜택은 더 많이 누리겠다는 점에서는 공통적이다. 집단간 절충이 원만하게 이루어지면 사회불안의 우려는 사라진다. 그러나 그렇지 못한 경우에는 복지병을 유발하거나 아니면 반대로 사회불안을 야기하여 성장의 발목을 잡는다. 먼저 복지병의 경우를 살펴보자.

복지병의 첫 번째 문제는 사람들로 하여금 덜 일하도록 만드는 것이다. 사람은 노예가 아니므로 원한다면 언제든지 일하기를 포기할 수 있다. 사회안전망이 구축된 나라라면 실직할 경우 생활보조금을 받게 되는데 현재 내가 받는 급여보다 실직자 보조금이 더 많다고 하자. 이러한 경우라면 사람에 따라서는 일하기를 포기할 유인이 생긴다. 실직하지 않더라도 저소득자에 소득수준별로 생계비를 보조하는 제도 역시

---

13) Adam Smith, *An Inquiry into the Nature and Causes of the Wealth of Nations*, London: Oxford University Press, 1976.

더 많은 보조금을 받기 위하여 일을 덜하도록 만들 수 있다. 일할 능력이 있고 현재 일하고 있는 사람으로 하여금 일을 덜 하거나 일하지 말도록 유도하는 사회안전망을 적지 않은 사람들은 문제라고 생각한다. 이 문제가 악화하면 바로 복지병으로 연결되는 것이다. 열심히 일하는 사람도 결국 식량난에 봉착할 것이라는 맬서스(Malthus)적 비관론이 팽배하던 1834년 영국의 〈구빈법보고서〉(Poor Law Report)는 결국 이 논리에 따라서 구빈법의 보호대상을 축소하고 보호수준을 낮추도록 권장하였다. 그러나 저소득자의 자녀 등 부양가족의 생활은 물론이고 저소득자 자신도 시장 소득수준과는 무관하게 최소한의 인간다운 생활은 유치해야 한다는 주장도 만만치 않기 때문에 보호대상과 보호수준의 이상적 기준에 대한 사회적 합의는 이루어지지 못한 상태다. 사회적 합의가 없는 가운데 자신보다는 사회안전망에 의존하여 일을 덜 하려는 사람들이 많아지면 복지병은 심각한 사회문제로 된다.

복지병의 두 번째 문제는 기업의 복지비용 부담이 과다하다는 점이다. 이 문제는 보통 경직적 노동시장의 과다한 고용비용으로 나타난다. 현실적으로 사회복지의 상당부분은 노동시장과 밀접한 관계를 지닌다. 국민 대다수가 노동자이므로 근로조건과 임금을 결정하는 노동시장만큼 국민복지에 큰 영향을 끼치는 것은 없기 때문이다. 1802년 제정된 영국의 '공장법'(Factory Act)은 세계 최초의 근로기준법인 셈인데 이후 잇달아 제정된 제반 노동관계법은 노동자 교섭력 강화와 근로조건 개선을 목표로 한다. 노동관계법은 일차적으로는 고용된 노동자들의 권익을 보호하는 법으로서 해고는 제한하지만 장애인 고용의무와 같은 특수한 경우를 제외하고는 일반적으로 채용을 강제하지는 않는다. 그러므로 서로 겹치는 영역도 있지만 기본적으로 사회보장법은 실직자와 빈민을 보살피고 노동관계법은 취업자들을 보살피는 복지장치라고 볼 수도 있다. 그리고 국가경제 전체적으로 보면 복지사회를 추구하는 사회적 장치는 취업자를 중심 대상으로 하는 노동관계법과 실직자, 빈민을 중심대상으로 하는 사회보장법 체계의 이원적 구조로 구성된다.

노동관계법은 기본적으로 근로조건을 정하고 노동3권 등 노동자들의 권리를 보장한다. 물론 근로조건 개선이나 고용보험 등 기업이 그 비용을 부담하도록 법제화하는 경우도 없지 않지만 기본적으로는 노동자들이 사용자와 협상하여 복지를 실현하도록 하는 체제다. 노동자들이 노사협상을 통하여 실현하는 복지에 소요되는 비용은 물론 기업이 부담한다. 생산현장의 복지가 적정수준에 이를 때까지는 노동생산성 향상이 소요비용을 능가하지만 과다한 복지는 더 이상의 노동생산성 향상 없이 비용만을 야기한다. 다른 한편으로 사회보장법은 국가가 비용을 부담하면서 보호대상자들에게 보호금품을 제공하는 체제다. 국가가 비용을 부담한다는 말은 결국 납세자가 비용을 부담한다는 말이다. 그러므로 두 체제를 비교하면 기업에게는 노동관계법 체제가 사회보장법 체제보다 더 큰 단위 복지비용을 부담시키는 셈이다.

취업자가 실직자보다는 형편이 더 나은 점을 감안하면 복지예산은 사회보장, 즉 실직자 보호 중심으로 편성되어야 할 것이다. 그러나 이 경우에는 일을 덜 하려고 하는 복지병이 문제 될 수 있다. 반면에 노동관계법이 제공하는 복지가 더 크다면 실직자들의 취업의욕을 고취할 수 있다. 그러나 이 경우에는 고용비용이 과다해지므로 기업들이 채용을 꺼릴 것이다. 높은 고용비용으로 기업들이 고용확대를 꺼리고 후한 사회보장정책으로 일할 사람들로 하여금 덜 일하도록 유도한 결과가 바로 복지병이다. 장기화한 높은 실업률과 낮은 성장률의 덫에 갇혀 침체국면을 벗어나지 못하고 있는 유럽병(*Eurosclerosis*)은 복지병의 대표적 사례다. 아르헨티나의 페론이즘도 독특한 유형의 복지병이다.

1940년대 아르헨티나의 페론(Peron)정부는 수입대체형 산업화를 추진하면서 국영기업의 임금을 올리고 하루 8시간 노동제와 유급휴가의 확대 등 근로조건을 개선하는 노동정책을 시행하고, 무료교육을 비롯한 빈민 생활보조 등 사회보장제도를 실시하였다. 페론의 야심찬 복지정책은 잠깐 성공하는 듯하다가 투자와 생산의 급감으로 물가가 상승하고 실업이 창궐하면서 결국 실패하고 만다. 경제가 뒷받침하지 못하는 복지는 결코 유지될 수 없는 것이다. 대공황과 잇따른 2차대전은 유럽 여러 나라들로부터의 공산품 수입을 격감시켰고 아르헨티나는 산업화 기회를 맞았으나 때 이른 복지정책이 이 절호의 기회를 무산시켰다. 페론은 정책실패를 감지하고 임금, 물가의 동결과 외자유치 노력 확대 등 안간힘을 썼지만 결국 군부 쿠데타로 축출 당하였다. 그러나 페론의 실패는 정작 쿠데타 이후 군사정권 시대에 공공연히 드러나기 시작하였기 때문에 경제실패에 대한 비난은 오히려 군사정권이 그대로 뒤집어썼다. 아르헨티나 노동자들은 오늘날까지도 페론을 그리며 페론식 복지정책을 요구하지만 산업화를 이루지 못한 나라는 만족할 만한 복지를 제공할 수 없고, 노동자들의 격렬한 복지요구는 산업화를 지연시키는 악순환만 계속되는 중이다.

과다한 복지가 복지병을 불러 성장동력을 잠식한다면 과소한 복지는 계층간 갈등을 증폭하여 상호불신과 사회불안을 야기함으로써 역시 성장동력을 잠식한다. 한국경제의 고도성장이 정부정책과 기업활동이 성공한 결과임을 부정할 수는 없다. 그러나 그동안 맡겨진 일을 열심히 수행한 근로자들이 없었다면 성장자체가 가능했을 리 없음도 분명하다. 청년 전태일의 분신과 '도시산업선교회'와 관련된 파업 등 노동문제가 산발적으로 일어났던 1970년대에 대다수 근로자들은 '선성장 후분배' 명분을 수용하고 정부와 기업들의 선도에 협력하였다. 그러나 근로자들을 비롯한 국민 일반의 생활은 1960년대에는 절대빈곤의 수준을 벗어나지 못하였다. 1인당 GDP가 2천 달러대를 벗어나지 못한 1980년대 초까지의 고도성장기간 동안 국민 대다수는 내내 가난하였다. 경영능력이 얼마나 중요한지, 그리고 당시 경영여건이 얼마나 어려웠는지 알기 어려운 일반국민에게는 온갖 정부지원을 누리는 기업경영이 '땅 짚고 헤엄치기'로 느껴졌고 기업이 망해도 그 기업주는 여전히 잘 사는 모습을 보면서 상대적 궁핍화의 불만은 누적되었다. 저임금 경쟁력을 유지해야 하는 정부의 탄압적 노동정책은 독재권력의 반민주적 횡포와 더불어 국민적 반감을 조성하기에 충분하였다.

1972년도 수준을 100이라고 잡을 때 1988년도의 1인당 GDP는 2,404.4인 데 비하여 전산업 임금지수는 1,844.7(제조업은 2,073.3), 농가소득은 1,893.3에 지나지 않는다.[14] 이 기간중 노동자들이 임금

---

14) 이승훈, "한국경제의 고도성장, 상대적 궁핍화 및 예속화론에 대한 一考", 《경제논집》 33(2), 서

이외에 다른 소득을 올릴 수 없었음을 감안하면 성장과실 가운데 노동자와 농민 등 대다수 국민들에게 분배된 몫은 나머지 소수의 국민들에게 분배된 것보다 상대적으로 크게 뒤졌음을 알 수 있다. 이처럼 상대적 궁핍화가 심화되는 가운데 노동자복지나 사회복지에 대한 배려도 제대로 이루어지지 못한 상태에서 마침내 맞은 정치적 민주화는 격심한 노사분규의 소용돌이로 이어졌다. 참고 참았던 노동자들의 분노는 수많은 작업장에서 동시다발적 파업으로 폭발하였는데 거의 모든 파업이 법적 절차를 어긴 불법파업이었다. 과도한 임금상승은 수출경쟁력을 해쳐 경제를 파국으로 몰고 갈 것이라고 엄포를 놓던 사용자들은 독재정권의 고압적 노동탄압이 이미 철저히 무력화된 상태에서 속수무책으로 노조의 요구를 수용할 수밖에 없었고 그 결과 1990년도에는 1인당 GDP는 3,198.4, 그리고 제조업 명목임금은 3,115.6으로 거의 서로 엇비슷한 수준까지 접근하였다.[15)]

파업이 잇따르고 일시에 임금이 이처럼 많이 올라도 경제는 끄떡없이 고속성장을 계속하였다. 신발, 의류 등 저임금 경쟁력에 의존하는 저부가가치산업은 해외로 이전하였지만 대신 중화학산업과 서비스산업 같은 고부가가치산업이 성장하였기 때문이다. 파업과 임금폭등이 경제를 망칠 것이라던 사용자측의 엄포가 기우로 끝나면서 노동자들의 적대감은 커졌고, 투쟁하면 반드시 얻을 수 있고 여전히 경제는 잘 돌아간다는 믿음만 강화되었다. 상대적 궁핍화에 따른 반감에 적대감이 가세하면서 노조는 더욱 강성화하였다. 계속된 투쟁은 2002년도에 1인당 GDP 지수가 9,627.2일 때 제조업 임금지수를 9,689.5로 끌어올려 드디어 임금의 누적적 상승분이 GDP 성장분을 앞지르기에 이르렀다.[16)]

그러나 험악해질 대로 험악해진 노사관계는 국가경제에 엄청난 비용을 야기했다. 노사분규에 따른 노동손실일수는 2003년 기준으로 임

울대학교 경제연구소, 1994.

15) 이승훈, 앞의 논문, 1994.

16) 이승훈, "고용구조의 개선과 노동시장의 유연화", 나라발전연구회 발표논문, 2004.11.22.

금근로자 1천 명당 90.2일로 세계최고의 수준이다. 더욱이 일본, 독일, 프랑스, 그리고 스웨덴이 0일이고 영국 20.5일, 미국 31.5일에 비교하면 높아도 너무 높다.[17] 이로 인한 수출 차질액은 1993년의 5억 6천 4백만 달러에서 2003년 10억 5천 3백만 달러로 엄청나게 늘어났다. 이 피해는 누구의 이익으로도 귀속되지 않는 사장(死藏) 손실이다. 돌이켜 생각하면 정부와 기업이 1988년쯤 노사분규가 폭발하기 전에 발 빠르게 상대적 궁핍화를 시정하는 조치를 자발적으로 강구하였다면 이러한 사장손실은 충분히 막을 수 있었을 것이다. 노동자들에게 줄 것을 다 주고도 기업들이 험악한 노사관계 속에서 허우적거리고 있는 까닭은 애초에 정부와 기업들이 근로자복지와 사회보장노력에 그만큼 인색했기 때문이다. 정부 스스로 노동관계법을 가볍게 여기고 그때그때 정치적 분위기에 편승한 처신도 사태를 악화시켰다. 우리는 지금 복지노력을 소홀히 하면 결국 타의에 이끌려 복지비용을 지출할 수밖에 없고 더 나아가서 상호불신이 배양한 적대감 때문에 불필요한 비용을 낭비하고 만다는 역사적 교훈을 뼈저리게 학습하는 중이다.

8. 맺는말: 성장동력 강화와 균형성장

성장동력을 사전에 모든 개인과 기업에게 고루 부여하려는 정책은 균형의 가치를 상쇄하고 남는 비용부담을 요구하기 쉽다. 그러므로 성장전략으로는 불균형성장을 추구하되 사후적 재분배를 통하여 균형을 도모하는 접근이 바람직하다. 이 경우 문제는 정책적으로 제공하는 복지가 과다해도 안 되고 과소해도 안 된다는 점이다. 적정한 수준의 복지는 어떤 것인가? 사회안전망이 보호대상으로 하여금 최소한의 인간다운 생활도 영위할 수 없도록 하는 수준이라면 이 복지는 일단 적정수준 이하이다. 그러나 최소한의 인간생활을 보장하는 복지가 성장동력을 심각하게 잠식한다면 과다한 것이다. 물론 최소한의 인간다운 생

17) 대한상공회의소 보도자료, "통계로 본 노사관계 10년", 2005.9.12.

활을 할 수 있는 수준으로 책정하더라도 이 보조금이 현재 일하는 사람이 얻는 소득보다 낮다면 아무 문제도 없다. 일부 저소득자들이 사회안전망에 기대어 의도적으로 일을 덜 하거나 안 할 정도로 보조금이 시장소득을 능가하는 경우가 문제인 것이다. 이 경우에는 사람들이 일을 덜 한 만큼 성장이 둔화할 것이고 심하면 복지병에 이른다.

시장이 제공하는 최저소득이 인간다운 생활을 영위하는 데 충분할 정도로 경제가 성장하면 기본적 복지문제는 저절로 해결된다. 지금 당장 모든 사람들에게 최소한의 인간다운 생활을 보장하려고 하는 복지정책은 오히려 기본 복지문제를 성장이 저절로 해결하는 시대의 도래를 지연시킬 수 있다. 그러므로 복지정책은 한편으로는 당장 현재의 최저생활을 개선하면서 아울러 다른 한편으로는 빠른 시일 내에 저소득자들까지도 스스로의 힘으로 인간답게 살아갈 수 있도록 성장까지 함께 추구하는 수준에서 결정되어야 한다. 충분한 경제성장이 장기적으로는 가장 완벽한 복지문제의 해결책이지만 현재의 복지문제를 해결하려면 어느 정도의 성장효율성 포기가 불가피하다. 결국 먼저 균형의 테두리를 한정한 다음 이 테두리 안에서 선택과 집중을 통한 성장동력 함양에 힘을 쏟아야 할 것이다.

■ 참고문헌

대한상공회의소 보도자료, "통계로 본 노사관계 10년", 2005년 9월 12일.

이승훈(1994), "한국경제의 고도성장, 상대적 궁핍화 및 예속화론에 대한 一考", 《경제논집》 33(2), 서울대학교 경제연구소.

이승훈(2004), "고용구조의 개선과 노동시장의 유연화", 나라발전연구회 발표논문, 2004년 11월 22일.

이승훈(2005), 《재벌체제와 다국적 기업》, 서울: 서울대학교 출판부.

Barbier, Edward B. (1987), "The concept of sustainable economic development", *Environmental Conservation* 14(2), Summer, pp. 101~110.

Barr, Nicholas (1998), *The Economics of the Welfare State*, 3rd ed., Stanford: Stanford University Press.

Cameron, Rondo (1989), *A Concise Economic History of the World*, Oxford: Oxford University Press.

Holmberg, Johan and Sandbrook, Richard (1992), "Sustainable Development: What Is To Be Done?", in *Making Development Sustainable*, Johan Holmberg, ed., Washington, D. C.: Island Press.

Hu, Angang (2005), "National Conditions and Development: The Changes of Five Capitals in China", 서울대 강연록.

Kemp, Tom (1989), *Industrialization in the Non-Western World*, 2nd ed., London: Longman.

Schumpeter, Joseph A. (1961), *The Theory of Economic Development*, New York: Oxford University Press.

Smith, Adam (1976), *An Inquiry into the Nature and Causes of the Wealth of Nations*, London: Oxford University Press.

Ward, Barbara and Dubos, Rene (1972), *Only One Earth - the Care and Maintenance of a Small Planet*, London: Deutsch.

2 선진통상국가의 구축

현오석

1. 서론

우리 경제는 개발연대를 거치면서 놀라운 성과를 올렸지만, 1990년대 들어 본격화되기 시작한 세계경제의 글로벌화 추세에 신속하게 대응하지 못하였다. 각 경제주체들이 시대적 변화에 어둡고, 과거의 타성에서 크게 벗어나지 못하는 행태를 보였던 것이다. 그 결과는 곧바로 우리에게 시련을 요구하는 IMF 외환위기로 이어졌다. 국가부도 직전까지 갔던 1997년의 외환위기는 그동안 누적된 우리경제의 문제점이 일시에 분출된 결과였다.

외환위기 이후 IMF 체제라는 타의에 의해 구조개혁이 시작되었지만 우리 경제가 향후 성장을 지속하기 위해서는 새로운 성장동력을 확보함과 동시에 경제시스템을 글로벌 기준에 적합하게 개선해 나가야 한다. 그런데 글로벌화의 효과를 극대화하기 위해서는 대외개방과 대내개혁을 연계하는 통합적 패러다임이 필요하다. 즉, 대외개방과 대내개혁은 시계의 두 바늘에 비교할 수 있는데 두 바늘이 돌아가는 것은 그 시계판 뒤의 복잡한 기계장치들에 의한 것이기 때문에 시계에 문제가 생기면 시계몸통을 수리해야 하는 것이다. 다시 말하면 대외개방과 대내개혁의 시너지효과가 발생하도록 하기 위해서는 그 배후에 있는 사회적 합의도출을 위한 시스템이 원활히 작동되어야 하는 것이다. 이 시스템이 원활히 작동되도록 하는 것이 바로 '선진통상국가'의 구축이라고 할 수 있다.

이 글에서는 이러한 맥락에서 제 2절에서는 우리 경제의 현단계를 분석하고 우리가 처한 대내외적인 구조적·추세적 도전에 비추어 선진통상국가로의 전환이 왜 필요한지를 설명하고, 제 3절에서는 주요 선진통상국가들의 사례를 분석하고 여기서 얻을 수 있는 교훈을 토대로 우리가 지향해야할 선진통상국가의 구성요소를 추출할 것이며, 제 4절에서는 외국의 사례연구를 통해 얻은 시사점을 토대로 우리의 수준 및 세계경제의 조류를 종합적으로 감안하여 우리가 선진통상국가가 되기 위해 갖추어야 할 요소를 분석할 것이다. 제 5절에서는 제 4절에서 제시한 구성요소를 달성하기 위한 구체적 방안을 제시하고 마무리 짓고자 한다.

2. 왜 선진통상국가인가?

1) 우리 경제의 위상

우리 경제는 수출주도형 발전전략을 통해 비약적으로 성장하여 현재 다양한 측면에서 선진국 진입의 문턱에 있는 것으로 평가받는다. GDP 규모는 2005년 7,875억 달러로 세계 14위의 경제대국이나 1인당 국민소득(GNI)은 1만 6,291 달러로 아직 선진국 수준에 못 미치는 실정이다. 수출은 2,844억 달러(세계 12위)를 기록하였고, 무역의존도는 69.3%(서비스를 포함할 경우 86.3%)로 선진대국에 비해서 높은 수준이다. 산업측면에서도 반도체(DRAM 1위), 조선(1위), 철강(5위), 자동차(6위) 등 IT 및 중화학공업분야의 산업기반이 구축되어 있으며, 기업측면에서도 세계시장을 선도하는 글로벌기업들이 등장하여, 세계 500대 기업에 11개 사(국가별 순위 9위)가 포함된다.

〈표 2-1〉 한국경제의 위상

분류	항 목	현황 (2005)	세계 순위	분류	항 목	현황 (2005)	세계 순위
국민소득	명목 GDP (억 달러)	7,875	14	산업·기업	DRAM 매출액* (백만 달러)	11,819	1
	1인당 GNI(달러)	16,291	51		자동차생산 (백만 대)	3.7	6
교역	교역규모 (억 달러)	5,456	12		세계시장점유율 1위 품목 수*	71	15
	수출(억 달러)	2,844	12		Fortune 500대사	11	9
	수입(억 달러)	2,612	15		R&D/GDP(%)*	2.6	6
	무역의존도 (%)	69.3	72*		IMD 국제경쟁력* (100점)	64.2	27

* 2004년 기준.
자료: 한국은행, 한국무역협회, World bank, UNCTAD, CIA 등.

2) 선진화 과정의 도전

(1) 성장잠재력의 위축

최근 우리 경제는 성장률이 지속적으로 하락하는 등 성장잠재력 위축의 징후가 나타나고 있다. 연평균 경제성장률은 1980년대 8.7%를 기록하여 명실상부한 고도성장 국가였으나 1990년대 후반에는 6.2%, 그리고 2000년대에 들어와서는 4.6%대로 떨어졌다.

선진국들은 주로 혁신능력에 기초한 생산성 향상이 경제성장에 기여하고 있지만, 우리의 경우 그 기여도가 선진국 수준에 미치지 못한다. 생산성 향상이 경제성장에 미치는 기여도를 미국과 비교해 보면 미국은 65.7%인 반면 한국은 29%로 큰 격차를 보인다. 이와 더불어 최근 우리나라는 투자부진 등으로 요소투입의 확대가 원활히 이루어지지 않고 있을 뿐 아니라, 혁신주도형 경제로의 전환도 부진한 실정이다. 설비투자의 증가율은 1990년대 전반에 걸쳐 11.8%였던 것이 1990년대 후반에는 5.5%로 감소하였고 2000년대에 들어서서는 0.2%까지 떨어졌다.

〈그림 2-1〉 생산성 향상의 경제성장 기여도(1990~2000년)

(단위: %)

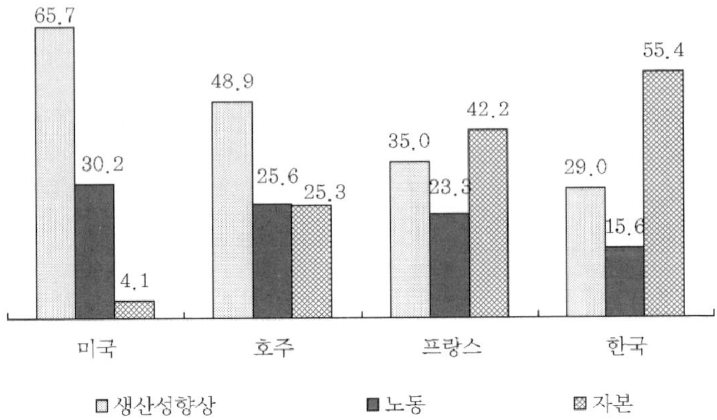

자료: 김동석(2004).

한편 경제활동인구 증가율 역시 1990년대 전반의 2.4%에서 1990년대 후반 1.2%, 2000년대 1.2%로 감소하여, 성장 잠재력의 위축으로 저성장이 고착화되어 가면서 우리 경제가 고실업사회로 변화될 위험에 직면해 있음을 시사해주고 있다.

(2) 선진국형 경제문제의 등장

우리나라의 경제·사회구조가 고도화됨에 따라 고용 없는 성장, 고령화, 양극화 등 선진국형 문제들이 우리 경제의 압박요인으로 등장하게 되었다. 산업구조 고도화에 따른 투자의 고용창출능력 감소, 경제의 온라인화 등으로 고용 없는 성장이 초래되고 있으며, 글로벌화와 기술진보 등의 결과 양극화 현상도 발생하고 있다. 특히 고용 없는 성장과 관련해서는 1990년~2000년까지의 산업별 취업유발효과가 지속적으로 감소했다는 사실이 이를 증명해주고 있다.

우리나라의 경우 특히 '압축성장'으로 인해 이러한 문제가 선진국보다 조기에 발생하였고 진전속도도 빠르게 나타나고 있다. 선진국의 경우 경제발전단계에 따른 사회적 문제에 순차적으로 대응할 수 있는 시간이 있었으나, 우리는 한꺼번에 많은 문제를 해결해야 하는 상황에

〈그림 2-2〉 산업별 취업유발효과

(단위: 명/10억 원)

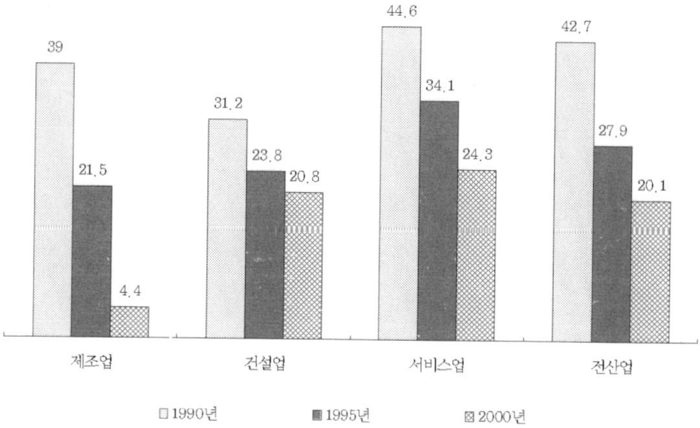

자료: 한국은행.

직면했다. 다시 말해 복지제도의 미비와 같은 고도성장기의 문제를 해결하기도 전에 선진국형 문제까지 복합되어 해결이 더욱 어려운 실정이라고 할 수 있다.

(3) 이해갈등의 확산

민주화의 진전으로 권위주의 시대에 억압되었던 문제들이 표면화되고, 사회의 가치가 다원화되면서 갈등영역도 확대되기 시작했다. 개개인의 이기주의가 집단을 통해 나타나기 시작하였으나 사회 전체의 신뢰수준이 낮고 갈등해결을 위한 관행도 정착되지 않아 갈등이 극단화되는 경우가 많다.[1]

특히 통상과 관련한 국내갈등은 첨예화, 상시화, 일상화되는 경향을 보이는데 통상 관련 문제가 피해보상을 둘러싼 집단간의 이해관계와 결부되면서 갈등이 첨예화되었다. 이는 동시다발적 FTA의 추진,

---

1) 한・칠레 FTA의 경우 국내 이해집단의 반발로 인해 협상타결 이후 국회 비준 및 발효까지 1년 이상 소요됨에 따라, 그 기간 동안 FTA의 이익을 향유하지 못하였을 뿐만 아니라 국제사회에서의 신뢰도나 이미지도 손상되었다.

통상마찰의 빈발 등으로 인해 통상을 둘러 싼 국내갈등이 상시화되고, 최근 개방이슈가 쌀, 영화, 교육, 의료, 등 국민의 일상생활과 직결되는 문제로 확대되었기 때문이다.[2)]

3) 글로벌화에 따른 도전

(1) 세계경제의 통합과 지형 변화

최근 글로벌화(*globalization*)에 따라 경제적 의미의 국경이 사라지면서 세계경제의 패러다임에 일대 전환이 발생하였다. 종전에는 외부의 충격이 국내의 제도나 정책에 의해 완충되었으나, 글로벌 시대에는 국내경제에 직접적인 불안요인으로 작용하게 되었다.

WTO를 중심으로 한 다자차원에서의 경제통합과 FTA를 중심으로 한 지역통합이 모두 빠르게 진전되고 있는데, 2006년 4월 현재 WTO 회원국은 148개국으로 확대되었으며, 지역무역협정은 총 193개가 체결되었다. 특히 FTA의 경쟁적인 확산에 따라 지역주의 불참의 기회비용이 증대되었는데, 우리나라가 지역주의에 불참할 경우 상실하게 되는 기회비용은 GDP의 1.3%, 수출의 19.2%(344억 달러)에 이를 것으로 추정[3)]된다.

또한 폐쇄적 발전전략의 결과 그동안 성장이 지체되었던 BRICs가 개방을 통해 세계경제에 편입되면서 세계경제 지형의 변화를 초래하게 되었는데 Goldman Sachs의 전망에 따르면 2050년에는 BRICs 4개국 모두가 선진국으로 진입할 것으로 예상되고 있으며, BRICs의 세계 GDP 비중은 2004년 현재 8.9%이지만 향후 2025년에는 14.3%로 확대될 것으로 예상된다.

BRICs는 대국형(大國型) 발전도상국으로서 완결형(*full set*) 산업화 추구 전략을 구사하고 있어 우리 기간산업의 경쟁력 확보에 위협을 준다. 그러나 인구규모가 큰 BRICs의 경제성장은 이 시장들의 구매력

2) 한미 투자협정의 경우 우리나라가 외환위기 직후 미국에 먼저 제안하였고 2000년에 1차 합의에까지 도달하였으나, 이후 스크린쿼터를 둘러싼 갈등으로 중단되었다.

3) KIEP, "선진통상국가의 개념 정립", 2005.

〈그림 2-3〉 전세계 RTA 체결현황

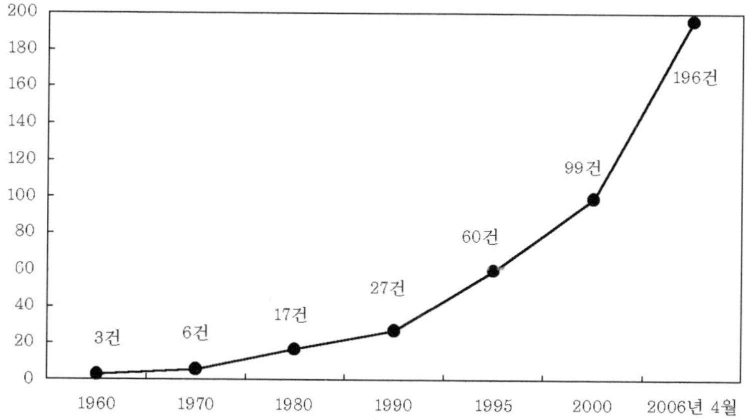

자료: 한국무역협회.

증가를 의미하므로, 시장확대 측면에서 우리에게 새로운 기회로 대두되고 있다.[4)]

(2) 글로벌 네트워킹의 심화

글로벌화의 진전에 따라 상품뿐 아니라 자본·기술·노동 등 생산요소의 자유로운 이동이 확산되었다. 세계 해외직접투자(FDI) 누계액은 1995년 2조 9,921억 달러에서 2004년에는 8조 8,932억 달러로 3배에 가까운 성장을 기록하였으며, 국제 M&A 규모도 1995년 1,866억 달러에서 2004년 3,805억 달러로 2배에 가까운 성장을 기록하였다. 기술이전에 따른 로열티 지급액 역시 상기에서 설명한 자본의 이동과 유사한 모습을 보이고 있는데, 1990년 300억 달러에 불과하던 것이 2003년에는 770억 달러까지 증가하였다.

기업들은 이러한 세계적인 글로벌화 추세에 대응하여 판매활동뿐만 아니라 모든 생산관련 활동까지 글로벌화를 진행하고 있다. 대기업과 중소기업을 막론하고 모든 기업들이 자본조달, 서비스 및 부품구매,

4) 2003년 BRICs의 세계 수입증가에 대한 기여도는 92%이며 한국의 BRICs 교역비중도 93년 8.6%에서 2004년 19.9%로 증가하였다.

〈표 2-2〉 중국의 주요 교역국과의 무역수지

(2005년, 억 달러)

국가	금액	국가	금액
대만	-581	홍콩	1,123
한국	-418	미국	1,142
일본	-164	독일	17
말레이시아	-95	전 세계	1,021

자료: KITA.NET

입지결정, R&D 활동 등을 전세계 차원에서 수행하고 있다.[5] 결국 글로벌 네트워크를 가장 잘 활용하여 자신의 경쟁력을 강화하는 기업만이 무한경쟁의 승자가 될 수 있는 것이다.

이러한 글로벌화는 국제분업구조로도 설명이 가능하다. 자유무역이 본격화되면서 각국의 비교우위에 따른 국제분업구조 형성이 촉진되는데, 국가차원에서 이에 적응하지 못할 경우 투자유치와 고용창출 면에서 심각한 위기에 직면할 가능성은 물론 국가 경쟁력 제고도 어렵게 된다. 특히 아시아에서는 한국과 일본, 대만 등이 중국을 생산허브로 이용하여 완제품을 세계로 수출하는 새로운 분업구조를 형성하고 있다.

(3) 대외개방과 대내정책의 연계

글로벌화는 국내의 규범·제도·정책의 글로벌 스탠더드와의 부합을 요구하며, 이에 따라 대외개방은 동시에 대내경제시스템의 변화를 필요로 한다. 국제적으로 통용되는 환경 및 안전기준을 충족하지 못하는 상품은 주요 시장으로의 진출이 불가능하며, 국내자본시장에 글로벌 스탠더드가 갖추어지지 않으면 해외자본 유치가 어렵다.

한편 다자·지역 무역협상의 대상에 농업과 서비스부문이 본격적으로 포함되고, 협상이슈도 국경장벽(*cross border*) 중심에서 국내정책과

5) 2004년 현재 6만 개 이상의 다국적기업과 90만 개의 해외법인이 전 세계 수출의 60% 이상을 차지한 것으로 나타났다(UNCTAD).

직결된(*beyond border*) 분야로 확대되고 있다. DDA 농업협상이 타결되면 근본적인 농업정책방향이 전환되어야 하고, 서비스협상에 따라 교육 및 의료시장이 개방되면 대학의 자율성 확대, 의료부문의 경쟁도입 등 국내정책의 수정도 불가피해질 것이다. 이와 같이 최근의 무역협상은 관세뿐만 아니라 비관세장벽, 지적재산권, 정부조달, 경쟁정책, 환경, 보조금 등 국내제도의 변화를 수반하는 이슈를 주된 협상대상으로 한다.

따라서 대외개방정책을 수립함에 있어서도 국내 개혁과제를 함께 고려해야 하며, 국내정책의 수립에서도 글로벌화의 요구가 반영되어야 한다. 국제규범에 부합되지 않는 산업지원제도는 불필요한 통상마찰을 유발할 소지가 있으므로, 대외개방과 국내 구조조정을 연계한 로드맵을 사전에 마련하는 통합적인 정책마련이 필요하다.

4) 새로운 패러다임의 필요성

(1) 기존 패러다임에 대한 반성

국제사회에서 한국의 위상이 높아짐에 따라 과거와 같이 개도국 지위에 편승해서 자유무역질서라는 국제적 공공재에 무임승차하는 것은 더 이상 불가능해졌으며, 오히려 최근 진행되는 양자간 협상에서는 엄격한 상호개방이 요구되고, 다자간 협상에서도 선진국으로서의 적극적 역할을 요구받는 실정이다.

과거 우리의 대외경제인식은 일종의 개도국형 중상주의로, 수출확대를 위해서는 시장개방이 불가피하다는 '개방불가피론'이 주된 패러다임이었다. 하지만 이러한 개방불가피론은 개방의 긍정적 효과를 적극적으로 인식하기보다는 개방하지 않았을 경우의 피해를 강조하는 수동적 대외경제인식이라는 점에서, 선진국 진입을 위해서는 과감히 탈피해야하는 사고방식이라고 할 수 있다.

대외개방과 대내개혁이 밀접히 연계된 글로벌화 시대의 현실에서 국내에는 아직 대외개방이 대외정책일 뿐이라는 인식이 잔존하고 있으며 대외개방과 대내개혁이 연계되어 추진되지 않는 경우, 개방의 긍정적 효과를 충분히 활용하기 어려우며 최악의 경우 국내경제의 위기까지 초래하게 된다. 우리는 외환위기 이후 과감한 개방을 추진하였으나 대내제도의 동반개혁과 인식전환이 미흡하여 최근에는 개방에 대한 민족주의적 경계심리가 표출되고 있는 것이 현실이다.

(2) 인식 및 정책전환의 필요성

한국은 수출주도형 경제발전을 통해 선진국 문턱에 도달한 국가로서, 앞으로는 글로벌화가 주는 충격을 어떻게 경제발전과 시스템 개선의 동력으로 활용하느냐가 선진국 진입의 관건이다. 우리나라는 지금까지 선진국을 모방하여 따라잡는 발전전략을 취했으나, 선진국으로의 질적 도약을 위해서는 우리 조건에 맞는 발전전략을 창조할 필요성이 절실히 요구된다. 그동안 우리의 발전모델로 강소국, 강중국 등이 논의되었으나, 특정 국가의 사례를 모방하기보다는 다양한 선진국의 경험을 창조적으로 흡수하는 것이 바람직하다고 판단된다.

개방은 경제선진화를 위한 불가결한 조건이라는 인식 아래, 글로벌화 추세를 능동적으로 활용하여 선진국 진입의 동력으로 삼아야 한다. 개방은 외부압력 때문에 마지못해 추진하는 것이 아니라 선진화과정에서 주체적으로 추진해야 하는 목표라는 인식의 전환이 필요하다. 글로벌화를 능동적으로 활용하면 경쟁의 촉진을 통해 기업경쟁력 향상, 공정한 시장질서 확립, 경제투명성 강화 등 경제선진화에도 기여할 수 있게 될 것이다.

한편 글로벌화의 효과를 극대화하고 그 부작용을 최소화하기 위해서는 대외개방과 대내개혁을 연계하는 종합적 패러다임이 필요하다. 대외개방이 이루어지면 대내개혁이 촉진되고, 대내개혁이 되어야 대외개방의 긍정적 효과가 배가되는 시너지효과가 발생하게 된다. 대내개혁과 대외개방의 추진은 불가피하게 사회갈등을 초래하기 때문에, 사회적 합의도출을 위한 시스템 구축이 필요하며 사회적 합의가 형성되지 않은 상태에서 개방이 추진되면 사회적 저항으로 인해 개방이 오히려 지연되는 부작용이 발생하는 것이다.

3. 선진통상국가의 모습

1) 주요국 사례를 통해 본 선진통상국가의 모습

우리나라가 지향해야 할 선진국가의 모습을 도출하기 위하여 주요 선진국 사례를 분석해 본다. 대상국가로는 2만 달러 달성의 소요기간이 짧은 국가 중 무역 및 투자규모가 큰 상위 5개국을 우선 선정하고, 대표적 통상국가인 아일랜드와 싱가포르를 추가하였다. 이러한 기준에 따라 네덜란드, 아일랜드, 싱가포르, 영국, 독일, 미국, 일본 등의 7개국을 살펴본다. 분석에 있어서는 국가별로 고유한 역사적, 지정학적 조건에 따른 발전유형을 파악하고, 이들이 직면했던 대내외적 도전에 대한 각국의 대응전략을 살펴봄으로써 각국의 경험에서 도출된 주요 교훈을 통해 우리가 지향해야 할 선진통상국가의 구성요소를 추출했다.

(1) 네덜란드: 물류산업과 해외투자로 성장

네덜란드는 1980년대 초 사회복지 비효율 증대, 산업경쟁력 약화, 실업증가, 재정위기 등으로 인해 급속도로 경제상황이 악화되었다. 1980년대 네덜란드의 노동참가율[6]은 74.9%였으며 사회보장제도의 수혜자는 전체인구의 12.5%(1천 6백만 명분의 2백만 명) 수준으로 사회복지제도의 비효율이 심각하였다. 실업률은 1980년 6.0%, 1983년 12%, 1985년 10%, 물가상승률은 1980~1986년 평균 6.4%, 재정적자는 1970년 1%였던 것이 1983년에는 6%로 확대되는 등 여러 경제지표들이 부정적 신호를 보냈다. 이러한 부정적인 경제요인으로 인해 네덜란드는 1981년 -0.5%, 1982년 -1.2%의 지속적인 마이너스 경제성장률을 기록했다.

하지만 경제위기를 되풀이하지 않도록 사회 및 경제부문의 약점을 지속적으로 개혁하자는 사회적 공감대를 바탕으로 물류·원예 등 비교

6) 15세~60세까지의 인구 중 노동에 참가하는 인구의 비율, 네덜란드의 노동참가율 74.9%는 선진국 중에서도 가장 낮은 수준이었다(덴마크 80%, 스웨덴 78.9%, 미국 77.2%).

〈그림 2-4〉 선진통상국가 사례 1: 네덜란드

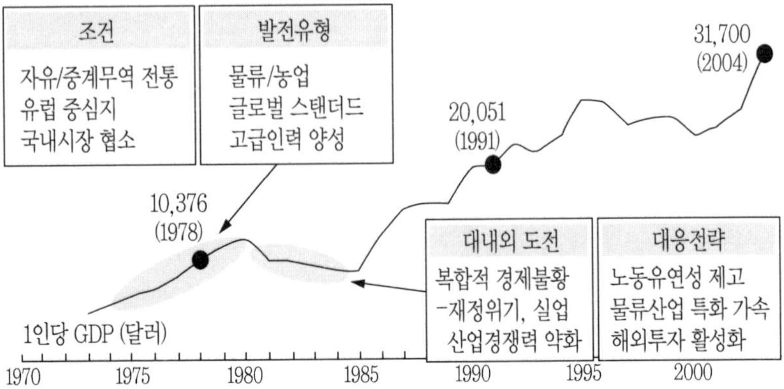

우위산업을 더욱 특화시키고, 2003년 1인당 해외투자 세계 1위를 기록할 정도로 과감하고 공세적인 해외투자를 수행하고, 미국의 그린카드(Green Card)와 유사한 〈외국인 고용법〉(The Foreign Nationals Employment Act)을 도입, 외국의 고학력자들을 유치하여 노동의 유연성을 제고시키는 등 국가경쟁력 제고에 노력한 결과 이를 극복할 수 있었다.

현재 네덜란드는 EIU(Economist Intelligence Unit)가 선정한 세계 최고의 비즈니스 환경국가(1999~2003년)이며, 유럽물류의 37%를 담당하고 있는 선진국이다.

(2) 아일랜드: 외국인 투자유치로 눈부신 경제도약

아일랜드는 1980년대 후반부터 협소한 내수시장과 불리한 지정학적 조건을 적극적인 지역통합 참여와 외자유치로 극복하고 선진국으로 진입하였다. EU 경제통합에 적극적으로 참여하면서 기여액 대비 2.4배를 수혜받는 등 EU 기금을 충분히 활용하였으며, 법인세율을 서유럽 중 가장 낮은 수준인 12%대로 유지하고 용지 무상대여 정책을 시행하는 등 해외투자 매력도를 높였다. 이와 더불어 유럽 학력검정에서 상위권을 유지하고 있는 아일랜드의 높은 인력수준과 사회연대협약을 통해 노·사·정 간 상호 우호적인 분위기를 조성하고 있는 상황 역시

〈그림 2-5〉 선진통상국가 사례 2: 아일랜드

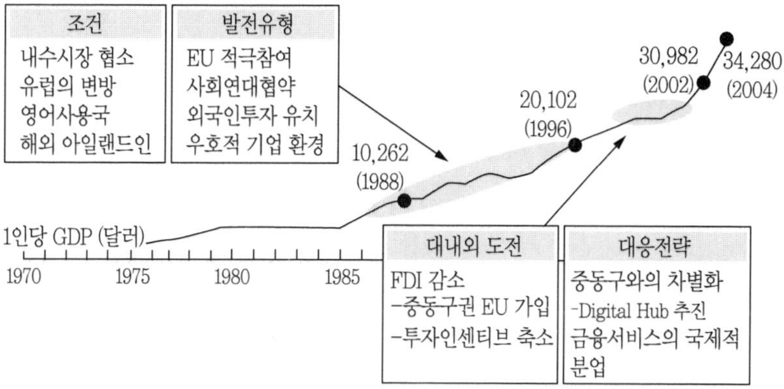

투자매력도를 높이는 요인이 되었다. 이러한 환경은 1990년대 아일랜드가 연평균 경제성장률을 7.5% 수준으로 유지할 수 있도록 하였으며 선진국으로 진입할 수 있는 성장동력이 되었다.

하지만 1990년대 말 중·동구 유럽의 EU 가입추진과 국내비용 상승으로 투자매력도가 저하되어 위기를 맞게 되었다. 1999년 61억 달러에 달했던 외국인투자는 2001년에는 41억 달러, 2003년에는 19억 달러로 축소되어 아일랜드의 투자매력도가 하락하였음을 잘 보여준다.

이에 아일랜드는 최근 교육재정 비중을 높여(13.5%로 EU 국가 중 2위를 기록) 고급인력의 해외이탈을 방지하고, 더블린의 디지털허브화 전략[7] 추진, 국제 R&D센터 유치 등을 통해 중·동구유럽과 투자유치전략에 있어서 차별화를 꾀하는 한편, 국제금융서비스 중에서도 데이터뱅크[8] 기능 등 보조기능 제공에 특화함으로써 위기를 극복하고자 노력하고 있다.

---

7) 더블린 내 연구단지를 조성한 후, 먼저 미국 MIT 연구진에게 무상으로 연구단지를 제공하고, MIT 연구진이 아일랜드 정부의 지원으로 정보통신기술과 제품을 개발해 나간다면 향후 여타 IT/digital 관련 대학 및 연구소도 더블린으로 몰려들어 디지털허브로서 변모하게 될 것이라는 구상을 포함한다.

8) 정보은행이라고도 하며, 각종 거시적·미시적 데이터를 비롯하여 사회 데이터, 지리·기상 기타 자연과학 데이터 등을 종합적으로 분석하여 고객에게 제공한다.

〈그림 2-6〉 선진통상국가 사례 3: 싱가포르

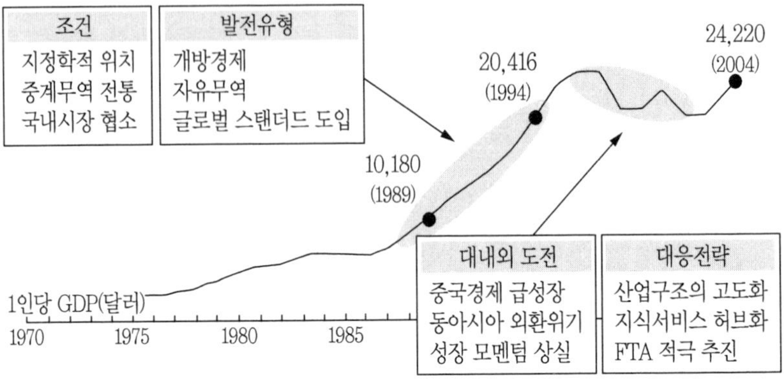

(3) 싱가포르: 지정학적 위치를 활용한 물류, 비즈니스 허브

싱가포르는 1990년 중반까지 국가발전단계에 따라 성장동력을 신속하게 전환하고, 지정학적 위치를 강점으로 살려 중계무역을 특화시키는 한편 여타의 경쟁력 없는 분야에 있어서는 폭넓은 아웃소싱을 통해 보완하면서 국가 효율성을 극대화하였으며, 적극적인 개방과 글로벌 스탠더드의 도입으로 외국인 투자를 적극적으로 유치한 결과, 선진국으로 도약하는 발판을 만들 수 있었다. 세계 2위의 자유무역항, 세계 4대 국제금융센터, 세계 3대 석유화학 교역국, 6천여 다국적기업의 투자국 등은 선진국으로서 싱가포르의 위상을 잘 설명해주고 있는 사실들이다.

하지만 1990년대 후반부터 동아시아 외환위기와 중국 및 인도경제의 급성장 등으로 외국인 기업의 해외이탈이 가속화되는 새로운 위기에 직면하였다. 이에 싱가포르는 금융, 교육, 의료 등 지식서비스산업에 대한 특화를 꾀하고, 비즈니스 허브화 전략과 동아시아 FTA 허브화 전략[9]을 추진함으로써 위기를 성공적으로 극복하고 있다.

9) 싱가포르는 현재 우리나라를 비롯한 8개국과 FTA를 체결한 상태이며, 15개국과 FTA를 추진하고 있는 FTA 선진국이다.

〈그림 2-7〉 선진통상국가 사례 4: 영국

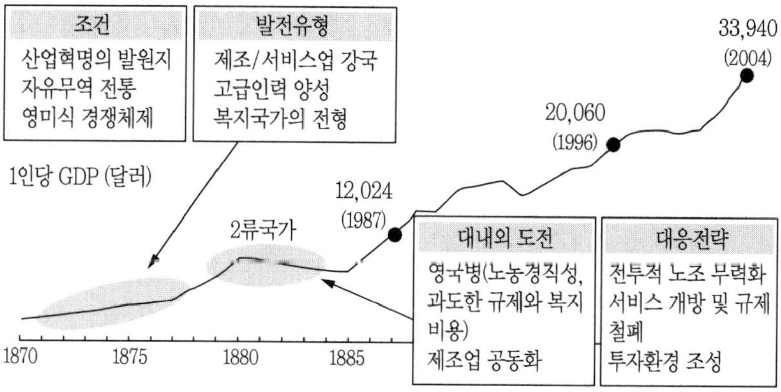

(4) 영국: 혁신적 개혁과 개방으로 재도약

영국은 1970년대까지 전통적으로 강한 제조업과 금융산업을 바탕으로 선진 복지국가체제를 유지하였으나 1970년대 말부터 제조업의 사양산업화, 과도한 규제, 노동시장의 경직성 등으로 경제활력이 저하되면서 2류 국가로 추락할 위기에 직면하였다. 1978년 영국의 1인당 GDP는 5,728달러로 일본(8,561달러), 독일(9,448달러), 미국(10,220달러)의 60%수준밖에 미치지 않아 선진국으로서의 위상이 흔들렸다.

이에 1980년대 이후 사양산업의 과감한 구조조정, 노동시장 유연성 제고, 민영화 추진, 금융시장 규제완화 및 개방추진을 통해 위기를 극복하는 계기를 만들었다. 노후화된 사양산업을 정리하고 해외이전을 적극적으로 추진한 결과 제조업의 고용이 크게 감소함[10]과 동시에 서비스산업이 확대됨에 따라 잉여인력이 서비스산업으로 흡수되는 선순환이 이루어졌다. 특히 1979년의 외환자유화조치에 이어 1986년 빅뱅을 통해 금융산업의 경쟁력을 제고한 결과 세계최대의 국제금융허브로 자리잡게 되었으며 금융부문이 GDP의 23.7%를 차지하는 효자산업으로 특화되었다. 이와 더불어 전통적인 복지국가로서 높은 사회안전망

10) 1970~1986년간 제조업 고용은 28% 감소하였다.

〈그림 2-8〉 선진통상국가 사례 5: 독일

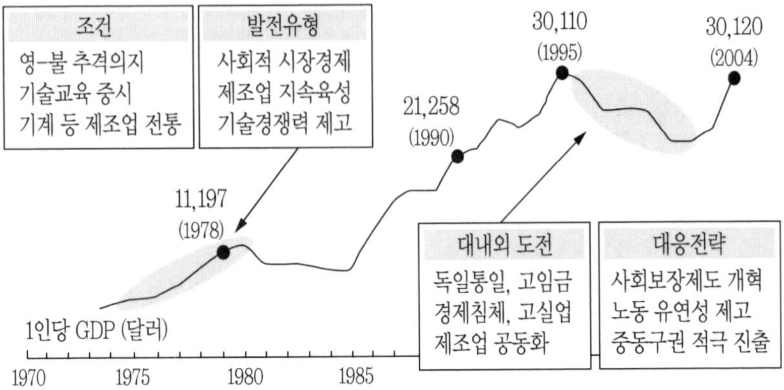

이 유지되어 있어 구조조정에 따른 충격을 충분히 흡수할 수 있었다는 점도 영국이 1978년 1인당 GDP 5,728달러였던 2류 국가의 모습에서 2005년 1인당 GDP 33,940달러인 1류 국가로 회복하는 원동력으로 작용했다.

(5) 독일: 적극적 실업구제정책과 국가위상 제고로 경제침체 극복

1990년대 초까지 독일은 사회적 시장주의를 바탕으로 자동차, 기계, 화학, 전자 등 전통적인 제조업 부문에서 지속적으로 경쟁력을 확보하면서 수출증대를 통해 급성장했다. 1990년 초 독일의 산업구조는 제조업이 전체의 26.8%를 차지하여 G7 중에서 가장 높은 비중을 점하였고 상품수출은 세계 1위를 기록하였다.

하지만 1990년대 이후 막대한 통일비용과 과도한 복지부담, 노동시장의 경직성과 고임금 등의 요인으로 인해 10년간 장기침체에 접어들었다. 통일비용을 위한 재정부담은 매년 GDP의 4.5%를 차지하였으며(2004년까지 총 1조 2,400억 유로 투입), EU 확대과정에서 제조업의 중·동구유럽으로의 이전이 가속화되어 장기실업률이 4.2%에 달하게 되었고 2001년에는 1인당 GDP가 1990년(21,258달러) 수준인 22,590달러로 하락하였다.

〈그림 2-9〉 선진통상국가 사례 6: 미국

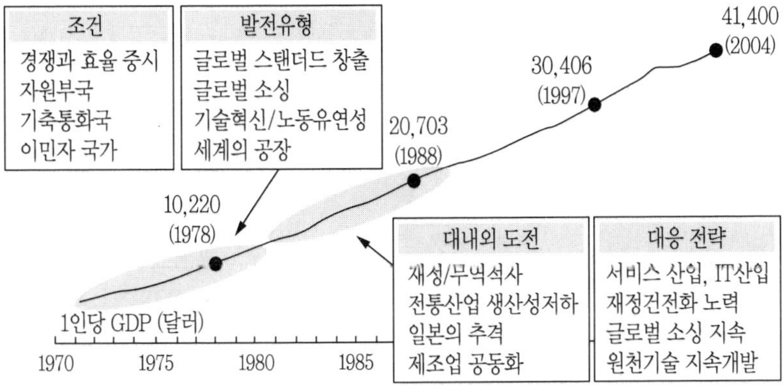

이에 독일은 연금 및 의료보험의 지출 축소 등을 통해 재정 건전성을 확보하고자 노력하였고, 적극적 실업구제정책을 포함한 종합적 경제개혁 프로그램을 통해 노동시장의 유연성을 제고하여 위기를 극복해 나갔다. 2005년에는 1인당 GDP가 과거 최고치였던 1995년의 30,110달러를 상회하는 30,120달러 수준까지 회복하였다. 특히 독일은 과거사에 대한 철저한 반성을 통해 국가이미지를 쇄신하고 국제적 위상을 제고하였으며 이 역시 위기를 극복하는 주요요인이 되었다.

(6) 미국: 원천기술과 글로벌 소싱으로 세계경제 주도

미국은 효율과 경쟁을 중시하는 개방형 시장체제와 전세계시장의 17%를 차지하는 거대한 내수시장을 바탕으로 발전한 명실상부한 자유무역의 선도국이 될 수 있었다. 또한 뛰어난 원천기술을 바탕으로 글로벌 스탠더드를 창출했으며 이민에 관대한 정책을 활용하여 노동유연성을 확보하였다. 이렇듯 미국은 근대산업사회가 시작하면서부터 세계 초일류국가로서 세계경제를 주도했다. 하지만 1980대에는 전통산업의 경쟁력 저하와 일본의 추격[11] 등으로 막대한 무역적자를 지속

11) 1985년 일본의 GDP는 미국의 33%에 불과하였으나, 1995년 72%까지 성장하였다.

적[12]으로 기록하였으며, 고질적인 저성장, 달러가치의 하락, 그리고 제조업 공동화 현상 등으로 초일류국가의 위상이 흔들리게 되었다.

하지만 1990년대 이후 IT혁명 등 원천기술과 첨단기술의 접목을 통해 생산성을 향상시키고 새로운 글로벌 스탠더드를 창출했으며, 서비스산업과 IT산업 등 지식집약적 산업을 특화시켜 전략산업으로 육성하였고, 글로벌 소싱을 통해 효율성을 높이고, 창의력 위주의 교육을 통해 지식기반시대에 대응함으로써 오늘날 세계경제를 주도해나가는 초일류국가로서 건재하다. 1990년 이후 약 10여 년간 설립된 530여만 개의 신규기업 중 대부분이 첨단기술 혹은 서비스업과 관련된 업체였다. 또한 1985년 910억 달러였던 IT부문에 대한 투자는 지속적으로 증가하여 1999년에는 6배인 5,420억 달러를 기록하였으며, 1999년의 특허취득건수는 세계 4위를 기록하였다. 이러한 성장동력을 활용한 결과 1996년~1999년간 GDP 성장률은 평균 4.4%로 1970년대 이후 최고수준을 기록하였다.

해외투자액 세계 1위,[13] 외국고급인력에 대한 매력도 세계 1위, 산업구조에서 서비스산업의 비중 73%, 생산성 증가율 중 IT부문이 차지하는 비중 90% 등 미국의 현재모습은 선진국을 목표로 하는 많은 나라에게 방향을 제시해주고 있다.

(7) 일본 : 경제개혁 지체로 경제활력 상실

일본은 1980년대까지 창조적 모방과 정부주도의 적극적 산업정책을 통해 단기간에 고도성장을 달성하였다. 1955~1973년간 일본의 평균 성장률은 10%대를 유지하였으며 실질 국민총생산은 5배가 증가하였다. 일본의 이러한 고도성장에는 장인정신을 바탕으로 만들어낸 히트상품들이 성장동력으로 작용하였는데 1960년대의 트랜지스터, 1970년대의 워크맨, 1980년대의 반도체가 그 예라고 할 수 있다.

---

12) 1975년 89억 달러의 무역수지 흑자를 기록한 이래 미국은 지속적인 무역수지 적자를 기록, 2005년에는 GDP의 6%수준인 7,666억 달러에 이르렀다.

13) 2004년 미국의 해외투자는 2,029억 달러를 기록해 2위인 영국(654억 달러)과 큰 격차를 보였다.

〈그림 2-10〉 선진통상국가 사례 7: 일본

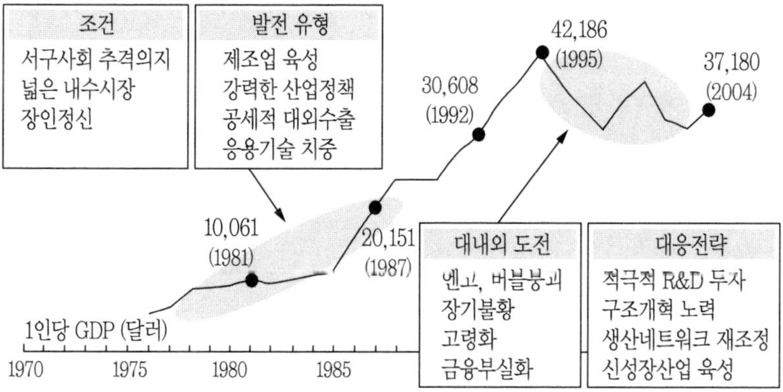

하지만 1990년대 이후 자산버블의 붕괴로 국가적 재정위기가 촉발된 이후 새로운 성장동력을 개발하지 못한 일본경제는 장기적 경기침체기로 접어들었다. 재정부담이 지속적으로 누적된 일본정부의 부채규모는 GDP 대비 157%(2003년)로 미국(67%), 독일(65%), 영국(42%) 등 주요 선진국에 비해 월등히 높은 수준이다. 엔고를 전통산업 강화의 기회로 활용하고자 하였으나 전통적인 가전분야에서 반도체, PDP, LCD 등 첨단분야로의 전환이 늦어진 결과, 한국, 대만 등에게 성장동력을 빼앗기게 되었다. 장기침체가 시작된 이후 오늘날까지 이른바 '잃어버린 10년'동안 일본의 1인당 GDP는 최고치였던 42,186달러(1995년)와는 상당한 차이를 보이는 37,180달러(2005년) 수준에 머물렀다.

일본의 이러한 장기경기침체의 원인은 개혁지연과 글로벌화에 대한 소극적 대응[14]으로 경기침체 장기화를 더욱 심화시켰기 때문으로 분석된다. 즉, 규제완화, 재정개혁, 첨단산업 강화 등 선결과제들을 중심으로 장기침체에서 벗어나려는 노력은 있었지만, 금융개혁, 산업전

14) 일본 내 외국인투자의 비율은 GDP 대비 누계 2.1%수준으로 네덜란드(65.6%), 독일(22.6%), 미국(14.1%) 등 주요국보다 낮은 것은 물론 우리나라(7.8%)보다도 낮은 수준이다.

환, 해외생산요소의 활용 등 경제체제의 근본적인 개혁은 지연되었기 때문이다.

2) 사례연구의 교훈

지금까지 네덜란드에서 일본에 이르기까지 세계경제에서 주요 역할을 하는 7개국들의 경제발전과 위기극복 사례를 살펴보았으며, 이를 토대로 선진국들이 가진 특성을 추출해 정리하면 다음과 같은 10가지 시사점을 도출할 수 있다.

첫째, 글로벌화의 진전과 더불어 선진국들의 발전유형은 공통점을 지니는데, 그 중에서도 특히 글로벌 스탠더드 도입은 지속적 성장의 필수조건이 되었다.

둘째, 제조업 비중이 높은 개방형 경제의 경우, 노동시장의 경직성과 산업전환(제조업→서비스업)의 지체는 투자부진을 초래하여 제조업 공동화를 유발할 수 있다.

셋째, 선진국이라면 강한 서비스산업을 반드시 보유하고 있으며, 서비스시장의 과도한 내부규제는 온실 속 화초를 키우는 결과를 낳아, 개방시 외국자본의 지배를 가져올 수밖에 없다.

넷째, 지역통합은 시장확대 수단일 뿐만 아니라 위기극복을 위한 공동체를 형성하는 네트워킹의 일부이다.

다섯째, FDI 유치를 위해서는 세계적 비즈니스 환경을 구축해야할 뿐만 아니라 차별화된 유치전략을 발굴해야 한다.

여섯째, 다양한 형태의 해외투자는 산업구조조정을 촉진하고 국내 잉여자금을 생산적으로 활용하는 중요한 수단이다.

일곱째, IT기술을 이용하여 경제 전체의 생산성을 향상시키려는 노력과 지식기반 산업 등 미래 성장산업으로 신속한 전환을 꾀하는 모습이 나타났다.

여덟째, 제조업 경쟁력의 기반은 원천기술 위주의 부품·소재산업을 축으로 하는 기계산업과 원천기술과 첨단기술을 접목시킨 혁신산업이다.

아홉째, 선진국들은 높은 수준의 사회복지지출로 개방확대와 노동시장 유연성 제고의 부작용을 줄일 수 있었다.

마지막으로, 성공적인 개방과 개혁을 위해서는 국민적 공감대 형성, 치밀한 로드맵뿐만 아니라 정치적 리더십도 매우 중요하다.

4. 선진통상국가의 개념

1) 선진통상국가의 6대 구성요소와 개념

여러 선진국의 과거 경험과 현재의 대응전략이 주는 다양한 시사점을 분석하고, 우리의 수준 및 세계경제의 조류를 종합적으로 감안하여 선진통상국가의 6대 구성요소를 도출하였다.

첫 번째 요인은 글로벌 스탠더드 정착이다. 세계시장이 통합되어 글로벌 소싱이 이루어지는 '글로벌화 시대'에 통상을 통해 선진국으로 도약하기 위해서는 국제사회에서 보편적으로 통용되는 경제·사회적 규범과 관행이 내부적으로도 정착되어야 한다.

두 번째 요인은 능동적 세계시장 참여이다. 다자차원 및 지역차원에서 경제통합이 진전되는 상황에서 세계시장을 안정적으로 확보하고, 경쟁을 통해 국내경쟁력을 강화하기 위해서는 세계시장에 능동적으로 참여해야 한다.

세 번째 요인은 글로벌 생산요소 활용이다. 국적을 불문한 우수한 인력, 기술, 자본 등 글로벌 생산요소를 효율적으로 활용해야 세계 일류의 산업경쟁력을 갖추고 경제 전반의 효율성을 제고할 수 있다.

네 번째 요인은 세계 일류산업 육성이다. 세계 일류상품과 기업만이 생존하는 상황에서, 높은 제조업 비중을 가진 우리경제의 성장을 위해 다수의 세계 일류 산업을 육성하는 것이 필요하다.

다섯 번째 요인은 개방친화적 사회인프라 구축이다. 글로벌화에 적극 대응하면서 한편으로 그 부작용을 최소화하기 위해서는 개방을 수용할 수 있는 사회문화적 토양이 조성되어야 한다.

〈그림 2-11〉 선진통상국가의 6대 구성요소 도출

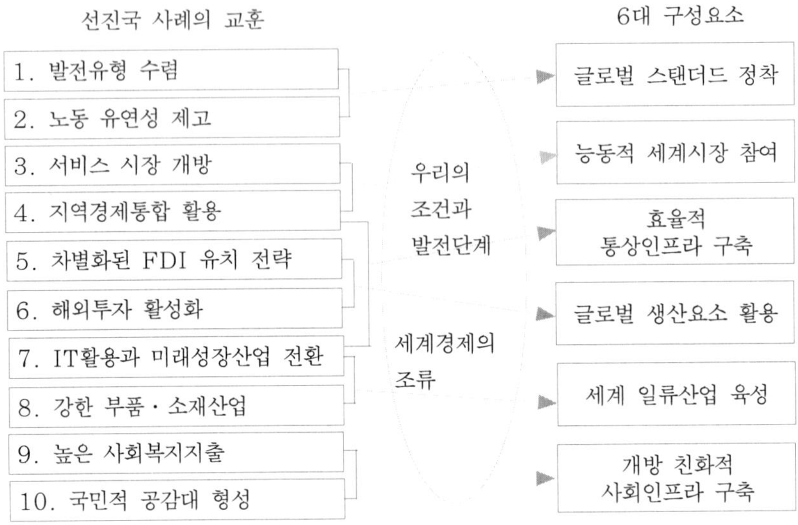

마지막으로 여섯 번째 요인은 효율적인 통상인프라 구축이다. 국제통상환경에 적극적이고 능동적으로 참여하기 위해서는 강한 통상조직의 확보와 민관의 유기적 연결이라는 요소가 필요하다.

따라서 우리가 지향하는 선진통상국가의 모습은 노동·금융·경쟁 등 경제 각 분야에서 글로벌 스탠더드를 갖추고, 적극적 해외투자와 외국인투자 유치를 통하여 글로벌 네트워킹을 구축하는 한편, 강한 서비스산업과 부품·소재산업을 보유하고 IT 등 미래성장산업에 집중투자하면서, 개방친화적 사회인프라와 효율적인 통상인프라가 형성된 국가라고 할 수 있다.

2) 구성요소별 세부내용 및 우리의 수준

(1) 글로벌 스탠더드 정착

① 세계적 비즈니스 환경

국내기업은 물론이고 외국기업 역시 편리하게 기업활동을 할 수 있도록 세계적 관행이 통용되는 비즈니스 환경의 창출이 필요하다. 통

〈그림 2-12〉 비즈니스 환경지수

(2000~2004년 평균)

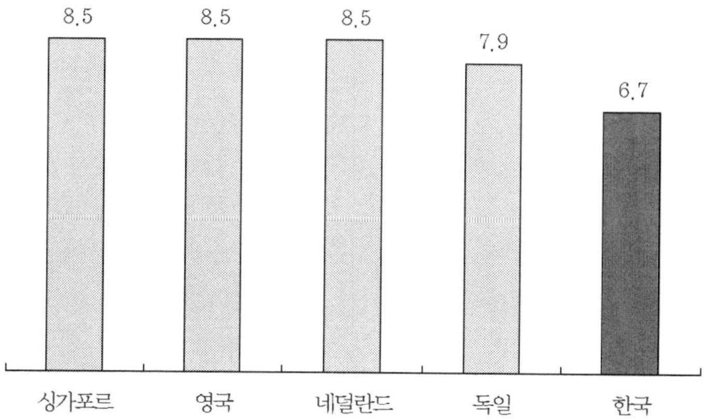

자료: EIU(2005).

신, 교통 등 물적 인프라의 저렴한 공급도 중요하지만, 규제나 행정절차의 간소화와 생활환경·언어소통 등 사회문화 환경이 더욱 중요하게 작용된다. 편리한 비즈니스 환경은 국내기업의 경쟁력을 강화시킬 뿐만 아니라, 외국인투자 유치를 통해 일자리 창출에도 기여할 수 있다. EIU의 조사에 따르면 우리나라의 비즈니스 환경지수는 싱가포르 8.5, 영국 8.5, 네덜란드 8.5, 독일 7.9 등에 비해 뒤떨어지는 6.7 수준으로 나타나 이에 대한 시급한 개선이 필요하다.

또한 기업관련 시스템을 선진화하여야 하는데, 이는 이해관계자들에 의한 기업경영에 대한 감시를 강화하도록 만들고, 시장에 의한 기업구조조정을 정착시키는 것으로 달성될 수 있을 것이다.

② 노동시장 유연성

기업이 우수한 인력을 자유롭게 이용할 수 있는 제도적 환경과 유연하고 안정된 노동시장의 형성이 필요하다. 이를 위해서는 노동 관련 규제 및 행정절차의 간소화, 고용조정이 용이한 노사관행, 노사관계 안정화가 핵심적 요소로 작용한다. 노동시장의 유연화는 해외투자자의 불안감을 줄일 뿐만 아니라 제조업의 안정적 성장, 정규직과 비정

〈그림 2-13〉 고용경직성 지수

(2003년)

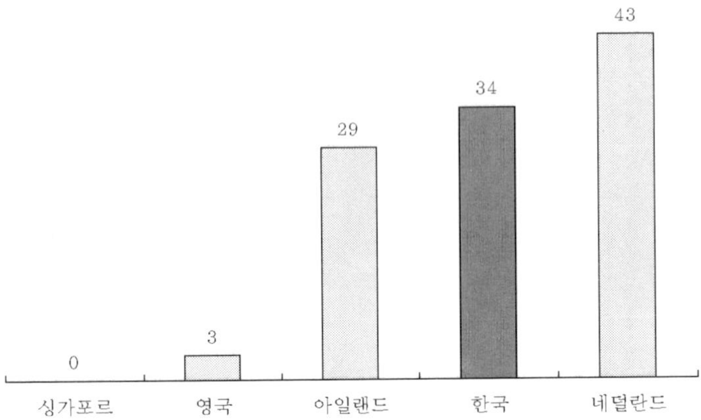

자료: World bank(2004).

규직 간 격차해소에도 기여하는 바가 크다고 할 수 있다.

세계은행(World Bank)에 따르면 2003년 우리나라 고용경직성 지수는 34로 독일(55), 네덜란드(43) 등 일부 유럽국가에 비해서는 낮지만, 미국의 3, 싱가포르의 0과 비교하면 여전히 높은 것으로 평가된다.

③ 공정한 시장질서

독과점 문제를 포함한 경쟁정책이 최근 통상협상의 주요의제로 등장하며, 해외자본 유치를 위해서는 기업지배구조의 선진화가 요구된다. 이를 위해서는 글로벌 스탠더드에 부합하는 회계기준의 확립, 투명한 경영관행의 정착, 소비자 보호정책의 강화 등이 필요하며, 공정한 시장질서가 형성되면 책임경영 강화로 우리 기업의 내재적 가치를 국제적으로 정당하게 평가받게 되며, 향후 점증할 것으로 예상되는 경쟁 관련 통상분쟁의 소지를 예방하는 효과를 가져온다.

아시아 기업지배구조학회의 2004년 발표에 따르면 우리나라의 기업지배구조는 말레이시아보다 낮은 수준이라는 평가도 있으며, IMD의 *World Competitiveness Yearbook*(2005)에 따르면 사회 전체의 투명성도 선진국에 비해 낮은 수준으로 평가된다.

④ 금융시스템

우리나라가 금융선진화를 이루기 위해서는 자율과 책임에 바탕을 둔 시장규율 확립을 통해 금융산업의 경쟁력을 강화하고 나아가 금융

〈그림 2-14〉 기업지배구조 선진화 지수

(2004년)

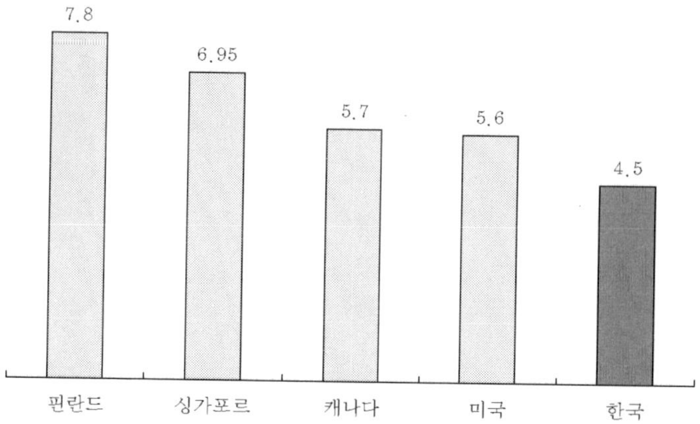

자료: 아시아 기업학회(2004).

〈그림 2-15〉 투명성지수

(2005년)

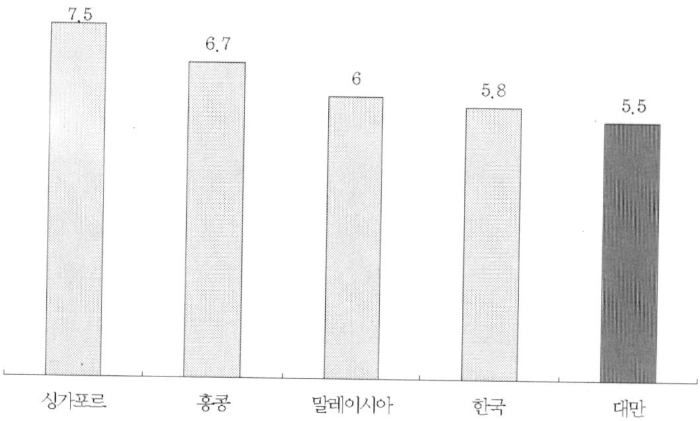

* 정부정책의 투명성에 대한 만족도(10점 척도).

자료: IMD(2005).

〈그림 2-16〉 CO_2 배출량

(2002년, kg/GDP)

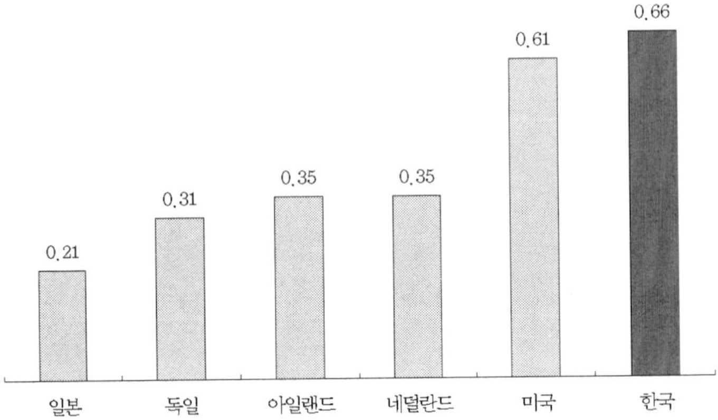

자료: OECD(2005).

산업이 글로벌 기준의 시장경제 정착에 기여할 수 있도록 해야 할 것이다. 금융의 국제화가 심화되는 상황을 맞아 자본제약의 해소, 선진 금융기법의 전수 등 국제화의 이점을 활용하면서 시장규율을 선진국 수준으로 강화하는 계기로 삼아야 한다. 이와 동시에 자율성의 확대와 경쟁의 심화로 인하여 금융기관의 경영불안, 나아가 전체 금융시스템의 불안정이 초래되지 않도록 금융기관의 건전성에 대한 감독을 소홀히 해서는 안 될 것이다.

⑤ 국제적 환경기준

최근 통상의제로서 환경문제의 등장과 환경보호에 관한 세계적 규범형성에 대응하기 위해서는 국제적 환경기준에 부합하는 환경 관련 국내제도의 정비가 필요하다. 이를 통해 세계적 환경기준에 부합하는 제품 및 기술개발, 환경친화적 생산공정 도입, 환경산업의 육성, 국내 환경기준의 강화 등이 요구된다. 환경차원의 글로벌 스탠더드 도입은 선진국시장 진출확대 및 환경 관련 통상분쟁 회피 외에도 지구온난화 방지협약에 대응하는 효과를 가져올 것이다.

OECD에 따르면 우리나라는 경제규모대비 이산화탄소 배출량이 유

〈그림 2-17〉 지역협정에 따른 경제규모

(조 달러)

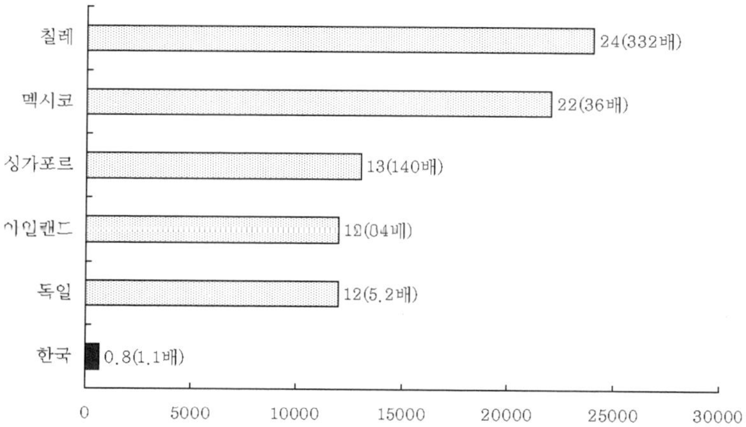

자료: World bank.
주: ( )안은 각국의 GDP대비 경제통합규모.

럽국가의 약 2배 수준으로, 경제구조의 환경친화성이 아직 선진국 수준에는 못 미치는 실정이다.

(2) 능동적 세계시장 참여

① 적극적 FTA 체결

전세계적으로 지역경제통합이 경쟁적으로 이루어지는 상황에서 수출시장을 안정적으로 확보하고 역외국으로서 입을 수 있는 불이익을 최소화하기 위해 FTA를 적극 추진해야 한다. 따라서 경제통합에 뒤처진 우리는 FTA를 동시다발적으로 추진해야 하며 거대경제권과의 FTA를 통해 경제통합효과를 극대화할 필요가 있다. FTA를 통해 시장확보뿐만 아니라, 국내 산업구조조정 촉진, 동아시아 경제통합 주도, 외교·안보관계 강화 등의 효과도 거둘 수 있음을 명심해야 한다. 하지만 우리나라의 현실은 발효된 FTA가 한-칠레 FTA 및 한-싱 FTA 등 단 2건에 불과하며, 경제통합규모(참여국의 GDP 합계)도 칠레의 24조

〈표 2-3〉 DDA 협상 타결이 한국경제에 미치는 효과[15]

	GDP 증대효과	수출증대효과	비고
정태분석	2.35~3.47%	5.78~9.95%	자원배분의 효율성 제고효과
동태분석	3.93~5.81%	7.93~13.30%	자본축적 효과 추가

달러, EU국가의 12조 달러에 크게 못 미치는 상황이다.

주요국과의 FTA 체결에 따른 경제적 효과를 살펴보면 칠레, 싱가포르, EFTA 등 소규모 경제권과의 FTA는 GDP에 미치는 효과가 0.01~0.08%, 수출입에 미치는 효과가 1~13억 달러에 그치는 반면, 아세안, 일본, 미국 등 거대 경제권과의 FTA의 경우 GDP에 미치는 효과가 0.4~1.9%, 수출입에 미치는 효과가 12~111억 달러에 이르는 것으로 나타났다.[16]

② 능동적 다자 · 지역 경제협력 참여

WTO 중심의 다자무역협상에서 우리 입장을 반영하고, 아시아를 중심으로 한 지역경제협력체에서도 우리 위상을 제고하기 위해서는 통상협상에 적극적으로 참여하는 것이 필요하다. DDA협상이 조기에 타결될 수 있도록 노력하고, 다자 및 APEC과 ASEAN+3 등 지역경제협력에서 우리가 국제사회와 동아시아에서 차지하는 지정학적 지위를 효과적으로 활용하면 세계경제에서 주요한 역할을 담당하는 통상강국으로 부상할 수 있을 것이다.

DDA협상 타결이 우리 경제에 미치는 효과는 동태적 측면에서 분석해볼 때, GDP 증대효과가 3.93~5.81%로 예상되며, 수출에 있어서는 그보다 훨씬 큰 7.93~13.30%의 증가가 예상된다.

15) 최낙균, 2004.

16) KIEP, KIET, KDI 등.

〈그림 2-18〉 총수출 대비 서비스 수출 비중

(2004년)

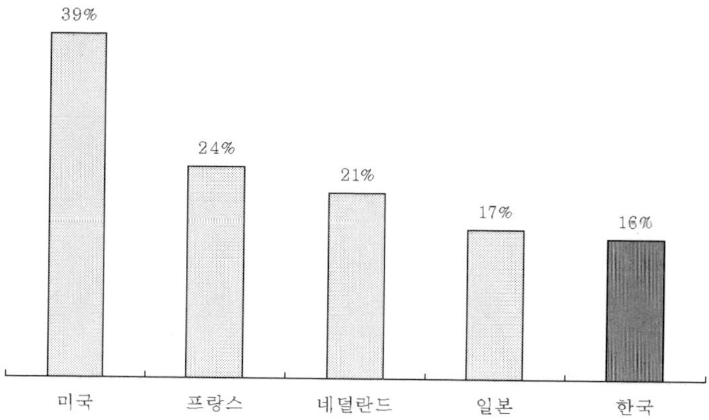

자료: KITA.

③ 개방된 서비스시장

서비스시장 개방은 농업개방과 더불어 남아 있는 전세계 공통의 최대 통상현안이다. 우리나라의 경우 유통, 금융 등은 대체로 개방이 완료되었으나 교육, 의료, 법률, 시청각 분야의 개방이 주요한 과제로 대두된다. 서비스교역의 확대는 국내 서비스산업의 경쟁력 강화뿐만 아니라, 교역자체가 외국인투자 형태로 이루어지므로 투자유치와 기술이전 효과도 유발하는 선순환적 구조를 지닌다. 우리나라는 아직 총수출에서 서비스산업이 차지하는 비중이 16% 수준으로 39%를 차지하는 미국이나 24%를 차지하는 프랑스 등과의 격차는 큰 편이다.

(3) 글로벌 생산요소 활용

① 해외 고급인력 활용

고급인력은 지식기반경제에서 가장 핵심적 생산요소이며 이를 확보하기 위해서는 국내인력의 양성뿐 아니라 해외인력의 효과적 활용이 중요하다. 해외 고급인력 유치를 위해서는 획기적 보상제도 구비, 세계적 R&D 센터 및 세계유명대학 유치 등이 필요하며, 해외인력의 유

〈그림 2-19〉 외국인 노동자 비중

(2003년)

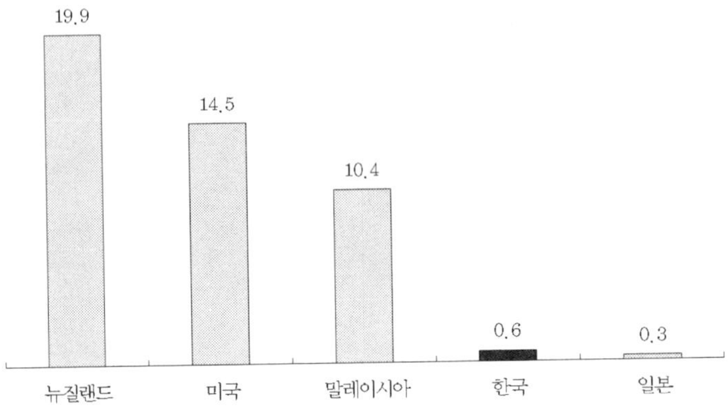

* 전체 노동인구 중 외국인이 차지하는 비중.
자료: IMD(2005).

입은 기술이전과 생산성 향상뿐만 아니라 국내기업과 대학의 질적 향상에도 기여할 것이다.

하지만 세계은행(World bank)에 따르면 우리나라의 경우, 외국인이 전체 노동자에서 차지하는 비중은 0.6%에 불과하여 유럽 등 다른 선진국에 비해 크게 낮다. 또한 IMD에 의하면 우리나라가 해외고급인력을 유인할 수 있는 매력도 중국보다 낮은 수준으로 평가된다.

② 활발한 외국인투자 유치

우리나라는 잠재력에 비해 실제 외국인투자 유치실적이 미흡한 것으로 평가되므로(UNCTAD, 2004), 더욱 적극적인 유치정책이 필요하다. 외국인투자 유치를 위해서는 세제·금융상의 인센티브도 중요하지만 편리한 비즈니스 환경과 생활환경을 갖추는 것이 더욱 중요하다.

신규투자뿐만 아니라 M&A를 통한 기존 기업의 인수도 고용창출과 안정에 효과가 있으므로 M&A에 대한 부정적 인식의 확산을 경계하여야 한다.

2003년 우리나라의 GDP 대비 외국인투자 누계액의 비율은 8% 수준으로 싱가포르(161%), 아일랜드(130%) 등 외자유치특화 선진국에

〈그림 2-20〉 국가매력도 지수

(2005년)

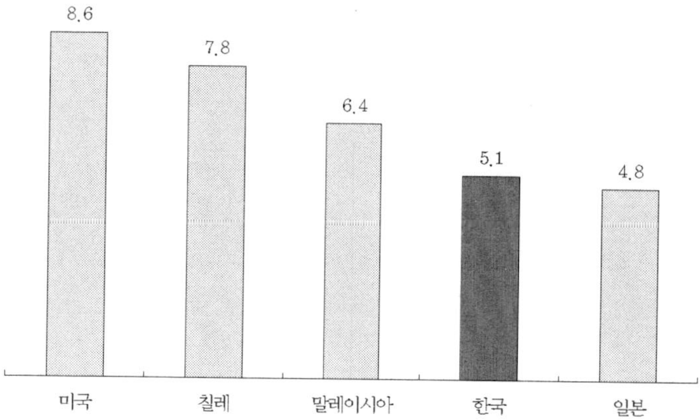

* 외국인 고급인력이 각국에 매력을 느끼는 정도(10점 척도).
자료: IMD(2005).

비해 크게 떨어지는 수준이며 말레이시아의 57%에 비해서도 크게 뒤처진다. 한편 UNCTAD가 평가한 우리의 FDI 유치 잠재력지수는 3.9로 선진국인 네덜란드(4.2)와 비슷한 수준이었으나 실제 유치한 실적지수는 0.3에 불과했으며, 이는 우리나라가 앞으로 적극적인 외자유치를 해야 한다는 것을 반증해주고 있는 것이다.

③ 적극적 해외투자

기업의 글로벌 네트워크 구축을 통해 경쟁력을 강화하기 위해서는 해외투자가 활성화되어야 하며, 선진국과 마찬가지로 해외투자의 형태도 다양화할 필요가 있다. 따라서 해외부실채권시장을 비롯한 M&A 투자확대, 해외 프로젝트 파이낸싱에의 적극적 참여, 연기금 해외투자 비중 확대 등 적극적인 투자가 필요하다.

해외투자는 산업공동화를 초래할 우려도 있지만 산업구조조정 촉진과 수출유발 등의 긍정적 효과도 크며, 국내금융기관의 리스크 관리 능력을 향상시켜 향후 우리나라가 동북아 금융허브로 발전하는 데 필요한 역량도 배양시킬 수 있는 장점이 있다.

하지만 현재 우리나라의 GDP대비 해외직접투자 누계액은 6% 수준으로 싱가포르(100%), 네덜란드(75%)는 물론 독일(26%)과 같은 선진국에 비해서도 매우 낮은 수준이며 말레이시아에 비해서도 5분의 1 수준이다.

〈그림 2-21〉 외국인투자비율

(2003년)

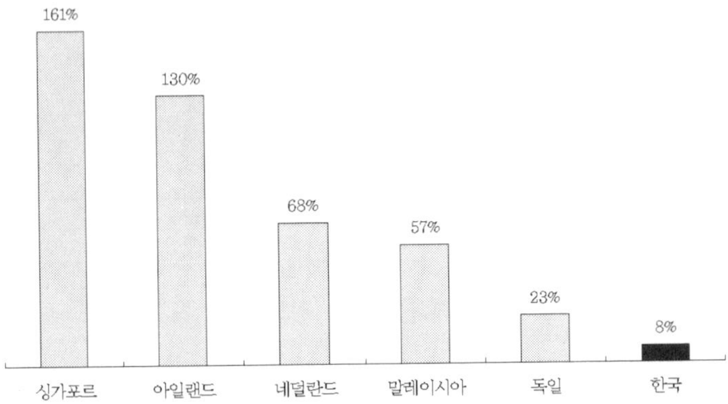

* 외국인 투자비율 = 외국인 투자 누계액/GDP
자료: UNCTAD(2004).

〈그림 2-22〉 FDI 유치 잠재력 지수[17]

(2000~2002년 이동평균)

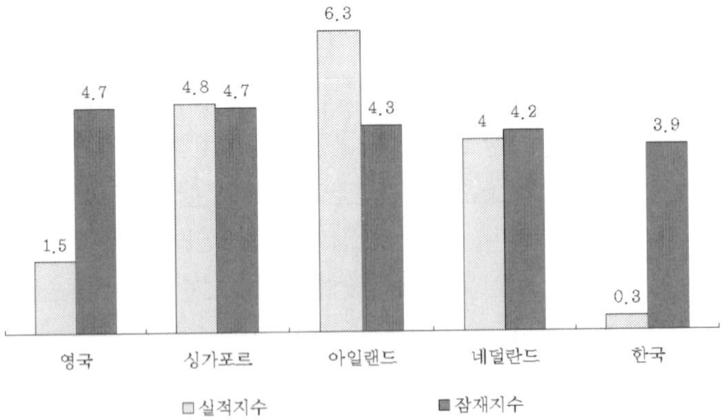

자료: UNCTAD(2004).

17) FDI실적 지수 = 세계 FTA 유입액 중 해당국이 차지하는 비중/세계 GDP중 해당국 GDP가 차지하는 비중. FDI 잠재력지수는 GDP, FDI 누계액, 수출비중, R&D지출, 정보통신인프라 등 12개 변수를 활용하여 산출.

〈그림 2-23〉 해외직접투자 비율

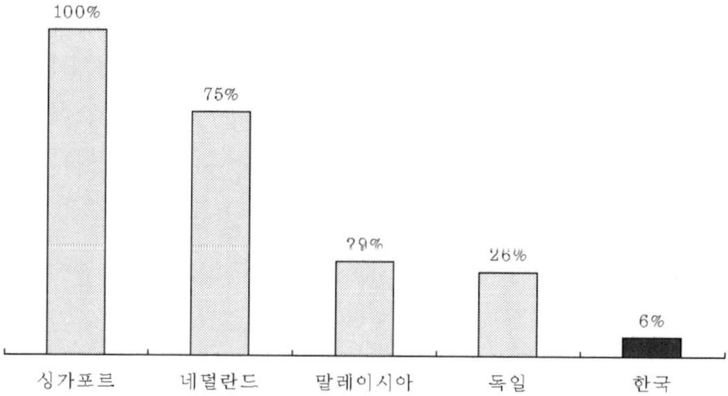

* GDP대비 해외직접 투자 비율.
자료: UNCTAD(2004).

〈그림 2-24〉 세계시장 1위 품목 수

(2003년)

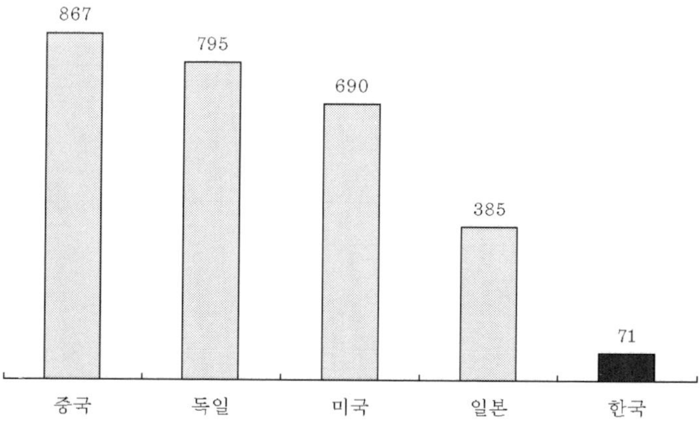

자료: 한국무역협회(2005).

(4) 세계일류산업 육성

① 글로벌 생산체제 구축

최근 세계경제는 생산활동이 글로벌화될 뿐만 아니라 BRICs의 등장으로 인해 세계적 차원에서 생산체제 재배치가 더욱 촉발되었다. 우리나라를 비롯한 주요국들은 글로벌 생산체제 구축을 위해서 그린필드 투자, M&A, 전략적 제휴 등 다양한 형태를 활용하고 자본, 기술, 인력 등 최적의 생산 및 경영자원을 세계 각국으로부터 아웃소싱하고 있다. 이를 통해 국내 산업의 경쟁력 강화와 고부가가치화가 이루어지고, 국내기업이 세계 초일류의 기술수준과 브랜드가치를 가진 글로벌 기업으로 성장하는 발판을 마련하고 있다.

한편, 한국이 글로벌 생산체제 내에서 경쟁력을 확보하였다고 볼 수 있는 세계시장 1위 품목 수는 2003년 현재 71개뿐이다. 이는 중국(867개), 독일(795개), 미국(729개)의 10%에 불과한 수준이다. 이와 함께 글로벌 경쟁력을 가진 대기업의 기업가치도 1,560억 달러 수준으로 일본의 2조 390억 달러, 미국의 1조 8,610억 달러에 비해 현저히 낮으며, 네덜란드(3,790억 달러)의 절반에도 못 미친다.

② 경쟁력 있는 서비스산업

선진국의 경우 강한 서비스산업(금융, 물류, 법률, 문화)을 성장동력으로 활용하였으며, 서비스산업 내부에서도 부가가치가 높은 업종으로 고도화하고, 국제경쟁력 확보가 가능한 업종으로의 특화를 통해 경쟁력을 확보했다. 서비스산업의 발전은 일자리 창출에 기여할 뿐 아니라, 금융, 통신, 운송 등 서비스는 타산업의 중간재로 사용되므로 경제 전체의 생산성 향상에도 기여하는 역할을 한다. 한국의 GDP 대비 서비스업의 비중은 56%로 선진국과 비교할 때 낮은 편이며, 1인당 서비스업의 노동생산액도 미국의 절반 수준이다.

③ 글로벌화된 중소기업

중소기업은 지속적인 고용창출과 산업발전의 기반이며 대기업과 마찬가지로 세계시장 진출을 통해 자생력을 강화하는 것이 필요하다. 중소기업은 국제분업체제 내에서 경쟁력을 발휘할 수 있는 위치를 적극 발굴하여 글로벌 시대의 생존기반을 마련해야 하며, 중소기업의 글로벌화는 산업경쟁력의 기초인 부품·소재산업의 발전뿐만 아니라 국내

〈그림 2-25〉 국가별 총 기업가치

(2003년, 10억 달러)

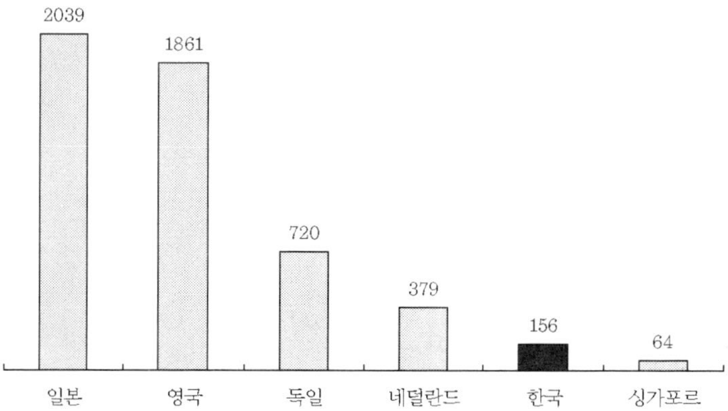

자료: *Business Week*(2004, 1000대 기업 중).

〈그림 2-26〉 서비스업 비중(2005)

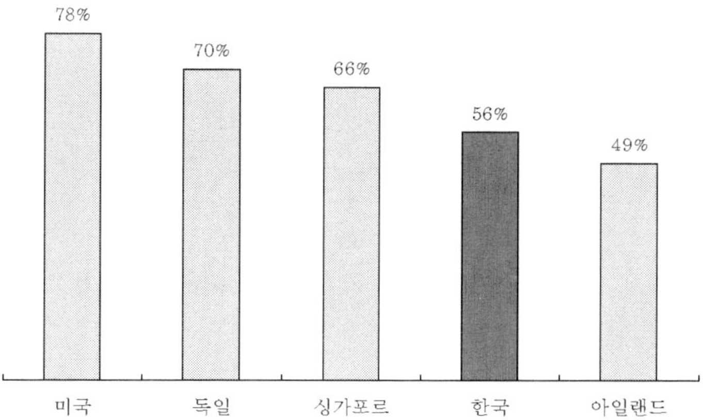

* GDP대비 서비스업 비중.

자료: CIA(2005e).

대기업과 중소기업 간 양극화 완화에도 기여할 수 있다. 우리나라의 경우 중소기업이 고용과 매출에서 차지하는 비중은 각각 87%와 50.8%로 높은 편이나, 수출에서 차지하는 비중은 36%로 상대적으로 낮은 편이어서 중소기업의 글로벌화가 주요 과제로 남아 있다.

〈그림 2-27〉 1인당 서비스업 노동생산액

(2004, 달러)

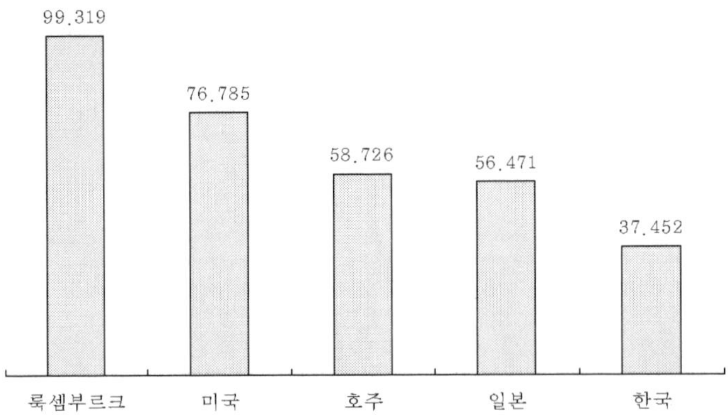

자료: IMD(2005).

〈그림 2-28〉 중소기업의 고용·수출비중[18]

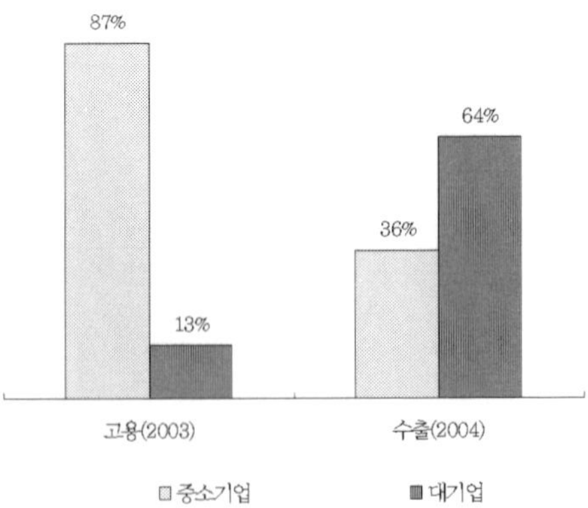

자료: 중소기업청(2005).

18) 중소기업청, 2005.

〈그림 2-29〉 국별 중소제조업 매출비중(2003) [19]

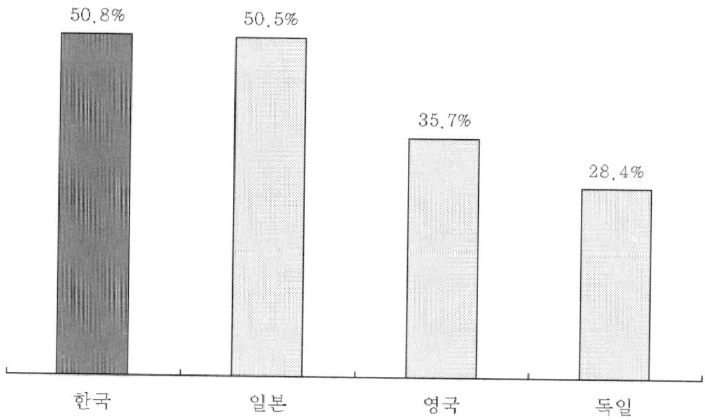

자료: 산업자원부(2005).

〈그림 2-30〉 국가별 국제특허출원 건수(2006)

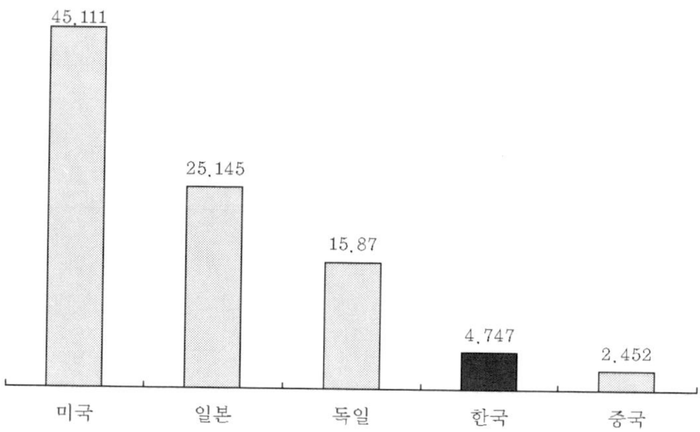

자료: WIPO(2006).

19) 산업자원부, 2005.

④ IT혁명 및 미래 성장산업의 육성

IT를 비롯한 미래첨단산업은 차세대 성장동력일 뿐만 아니라 첨단 기술 발전효과가 전 산업으로 확산되어 산업기술 고도화에 기여할 수 있는 주요 산업이다. 현재 세계 IT시장에서는 1990년대 후반 IT혁명을 계기로 미국을 비롯한 선진국의 생산성이 급격히 향상되고 후발국의 추격이 빨라져, 적기에 미래 성장산업을 준비하지 않으면 세계 경쟁에서 도태될 위험이 곳곳에 도사리고 있다.

우리나라는 IT산업 및 IT인프라에서 세계 최고수준이지만 제조업과 서비스업에서 IT기술을 적용하여 생산성을 높이는 것은 미흡한 실정이다. 하지만 우리나라의 국제특허출원 건수 순위는 지난 2001년 8위, 2003년 7위, 2006년에는 6위로 도약하여 생산성 향상과 IT기술 활용의 큰 가능성을 보여주고 있다.

⑤ 높은 국가이미지

국가이미지는 세계시장에서 기업과 국민의 경제활동을 뒷받침하는 중요한 무형자산이므로, 이를 강화하기 위한 국가적 노력이 필요하다. 국가이미지는 국제적 위상제고에 기여할 뿐 아니라 기업과 제품의 이미지와 밀접한 관련이 있으므로 경제적 가치창출에도 효과적이다. 따라서 우리는 한류를 활용하여 한국을 대표하는 이미지 창출, 국제사회에서 적극적 역할, ODA 확대, 체계적 홍보 등을 통한 긍정적인 국가이미지 형성을 위해 노력하여야 할 것이다.

현재 IMD의 평가에 따르면 우리의 국가이미지는 싱가포르, 네덜란드 등 주요 국가에 비하여 낮은 것으로 평가된다. 이는 GDP 대비 ODA(대외 무상원조) 비중이 0.06% 수준으로 낮게 책정되어 있고, 통상협상에서 개도국 위치를 포기하지 못하는 등 국제사회에서 우리의 위상에 상응하는 책임을 다하지 않고 있다는 국제사회의 인식이 우리나라의 국가이미지 형성에 부정적인 영향을 주었기 때문이다.

〈그림 2-31〉 국가이미지 지수 (2005)

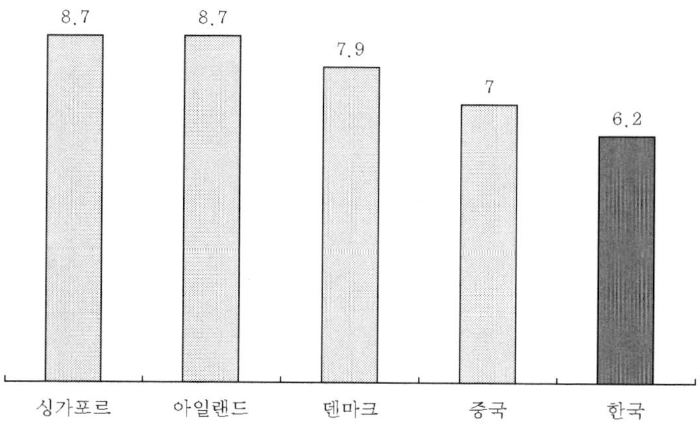

자료: IMD (2005).

〈그림 2-32〉 ODA 규모 (2003)

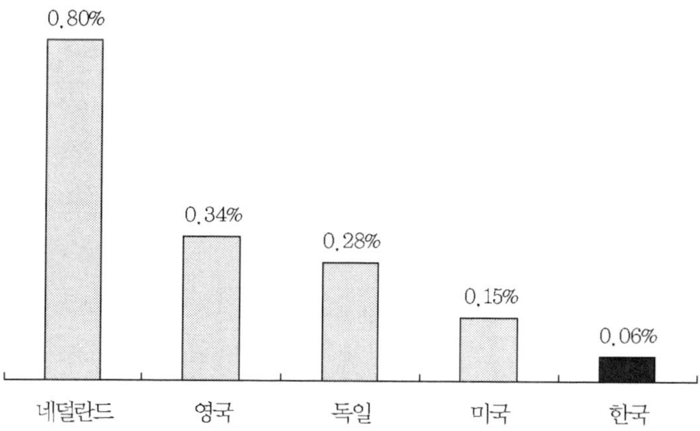

* GDP대비 ODA비중.
자료: OECD (2004).

(5) 개방친화적 사회 인프라 구축

① 효율적 구조조정

글로벌화의 진전과 개방확대에 따라 피해부문이 발생하고 사회갈등이 유발될 수 있으므로, 이를 치유하기 위한 지원제도와 체계적인 사회안전망의 확보가 필요하다. 개별적 개방조치마다 피해예상 산업을 사전에 보상하기보다 포괄적 구조조정 지원책을 수립하고 사회안전망을 전체적으로 강화하는 것이 바람직할 것이다. 피해부문에 대한 효과적 지원은 개방에 대한 저항을 감소시켜 개방을 촉진하는 시너지효과를 낳을 수 있지만, 무원칙한 지원은 도덕적 해이를 유발하고 갈등을 심화시키는 부작용을 낳을 수 있다는 것을 고려해야 한다.

한편, 우리의 사회복지지출 비중은 6% (OECD, 2001) 수준으로 선진국[20]에 비해 전반적 사회안전망이 미흡하고 개방에 대비한 체계적인 지원시스템도 아직 구축단계에 있다.

② 국민적 공감대

순조롭게 개방을 추진하기 위해서는 개방에 대한 사회적 공감대의 형성이 중요하며, 특히 정치권의 리더십과 국민의 의식전환이 필요하다. 따라서 정부는 통상협상에 임하면서 협상과정과 세부내용에 대한 투명한 정보제공을 충실히 하고 민간 의견수렴을 체계화하며, 개방의 필요성과 실현될 이익에 대한 대국민 홍보를 강화해야만 한다. 이를 통해 국민적 공감대를 형성하고 공감대가 형성된 개방은 불필요한 사회적 갈등을 최소화하고 협상과정에서 국가의 신뢰성을 높일 수 있다. 우리의 경우 현재 개방에 대한 공감대가 형성되는 과정에 있으며, DDA 및 FTA 등 개방의 긍정적 효과에 대한 인식이 확산되어야 할 것이다.

---

20) 미국의 경우 무역촉진법(TAA)을 활용하여 DDA 및 FTA 협상 추진 시 이해집단간의 갈등관계를 해소하고, 사회적 합의를 이끌어 내는 데 중요한 정책적 수단으로 활용하며, 이에 따라 산업피해 및 노동자 실업문제를 최소화하면서, 재정 및 기술지원을 통해 피해기업의 구조조정을 촉진하고 있다.

③ 개방적 사회문화환경

우리나라는 개방역사가 짧고 피침의 경험이 많아 배타적 인식과 관행이 잔존하므로 이러한 인식의 변화가 필요하다. 따라서 외국문화의 수용성을 넓히고 국제적 경험을 확대하는 교육과 외국인차별 금지 등의 정책이 필요하다. 개방적 사회환경과 국민의식은 개방과정에서의 갈등을 완화할 뿐만 아니라 우리 국민과 기업의 세계진출 확대를 위한 필요조건일 것이다.[21] 최근 한류 등 우리문화의 글로벌화가 진행되고 있으나, 외국문화에 대한 수용성은 아직 낮다.

(6) 효율적인 통상인프라 구축

① 민관의 유기적 연결

일반적으로 통상협상의 수행주체는 공무원 등 정부 관계자이지만 통상협상의 결과는 통상협상 대상품목을 생산하거나 수출입하는 기업에 직접적으로 영향을 미치며, 나아가 일반국민들의 생활에도 어느 정

〈그림 2-33〉 개방에 대한 인식 및 경제관행

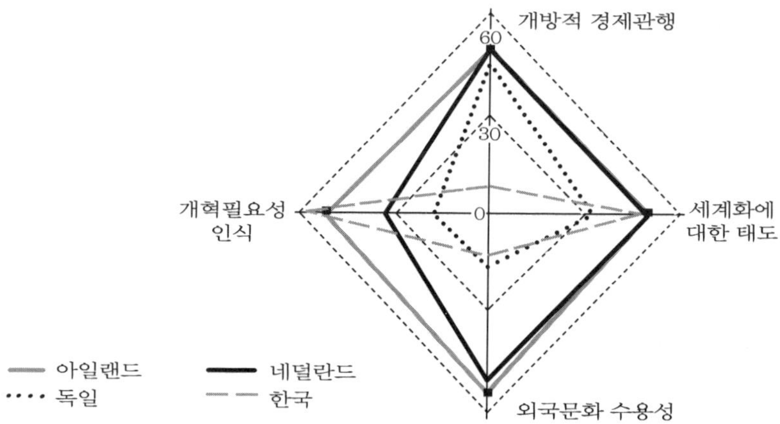

자료: IMD (2004)

21) 싱가포르의 경우 대학생, 국회의원, 교육공무원의 극심한 반대에도 불구하고 소규모 통상국가로의 발전을 위해서는 영어공용화의 불가피성을 인식하고 1966년 영어공용화를 전폭적으로 시행하였고 이를 통해 국제무역, 금융 비즈니스 중심지로 탈바꿈하였다.

도 영향을 미친다. 따라서 선진통상국가에서는 각종 이익단체나 혹은 관련 기업을 통해 통상협상에 대한 민간의 참여가 적극적으로 이루어지며, 그와 같이 민간부문의 의견이 반영되어야만 향후 협상결과가 국익을 극대화하는 방향으로 나타나게 될 것이 분명하다.

민간의 참여는 정부의 적극적인 정책적 유도와 민간에서의 적극적인 참여의지라는 두 가지 요소가 결합되어야 비로소 원활하게 이루어질 수 있으며, 이를 위해서 정부는 민간에서 참여할 수 있도록 정책적인 시스템을 구축하고 적극적인 홍보를 하는 한편, 민간 부분에서는 통상협상이 자신들의 이익과 직결된다는 전략적 사고를 갖추는 것이 필요하다.

통상협상의 결과는 한 번 발효되면 다년간, 길게는 수십 년간 그 영향이 지속되는 반면, 한 번 체결된 협정은 수정하기가 힘든 특성을 지니고 있기 때문에 협상결과의 직접적 수혜자인 민간에서의 사전적 협상참여가 더욱 필요하며 이는 우리나라가 선진통상국가로 나아가기 위해서도 필수요소라고 할 수 있다.

② 체계적이고 일원화된 강한 통상조직

선진통상국에서 나타나는 또 하나의 특징은 강력한 통상조직을 활용하여 체계적이고 일원화된 통상전략이 수립되어 있다는 점이다. 이를 통해 선진통상국가는 다자와 양자에서의 일관된 협상전략과 포지션을 가질 수 있으며 시너지효과를 발휘한다. 또한 미국이나 EU 등의 경우 전문적인 통상분야에서 수십 년간 연속성을 가지고 업무를 수행하는 정부관계자와 전문가들을 흔히 볼 수 있다.

예를 들면 DDA 협상과 FTA 협상을 연계하여 협상전략을 도출한다면 많은 취약부문을 오히려 협상의 레버리지로 활용할 여지가 생길 수도 있을 것이며, 기술장벽 관련 통상현안이 발생했다면 WTO TBT 위원회를 통한 다자적 해결방법 모색은 물론, 해당국 대사관을 통한 양자적 접근이 동시에 진행될 수 있을 것이다.

따라서 향후 우리나라가 체계적이고 일원화된 통상전략을 수립하기 위해서는 미국무역대표부(USTR)와 같은 통상협상에 대한 전폭적인 권

한과 책임, 그리고 전문성을 지닌 강한 통상조직이 필요하다.

5. 선진통상국가 구축방안

지금까지의 논의를 토대로 한국형 선진통상국가 모델을 다시 한번 정의해보면 '노동·금융·경쟁 등 경제 각 분야에서 글로벌 스탠더드를 갖추고, 적극적 해외투자와 외국인투자 유치를 통하여 글로벌 네트워킹을 구축하는 한편, 강한 서비스산업과 부품·소재산업을 보유하고 IT 등 미래성장산업에 집중투자하면서, 개방친화적 사회인프라와 효율적인 통상인프라가 형성된 국가'라고 할 수 있을 것이다.

또한 선진통상국가의 구체적인 구성요소로는 글로벌 스탠더드 정착, 능동적 세계시장 참여, 글로벌 생산요소 활용, 세계 일류산업 육성, 개방친화적 사회인프라 구축, 효율적인 통상인프라 구축의 6가지 요소가 있는 것으로 분석되었다.

제 5절에서는 이러한 구성요소를 달성하기 위한 우리의 전략으로 '글로벌 경쟁력 강화', '글로벌시장의 적극적 활용', '선진 통상인프라 구축' 세 가지를 설정하고 그에 따른 구체적 방안을 제시하고자 한다.

1) 글로벌 경쟁력 강화를 통한 선진통상국가 구축

선진통상국가 구축을 위한 첫 번째 전략은 글로벌 경쟁력 강화이며, 이를 위해서는 우선 국내의 제도적 정비를 선행해야 한다.

통상협상을 통해 마련되는 통상규범들은 국내정책에도 영향을 미치는데, 최근에는 특히 관세뿐만 아니라 비관세장벽, 지적재산권, 환경정책, 경쟁정책, 정부조달, 보조금 등 추후 국내의 제도적 정비를 필요로 하는 분야까지 무역협상의 대상이 되고 있다. 예를 들면 WTO 규범에 위배되는 국내제도를 운영할 경우 보복조치가 가해지는 것은 물론이고, 국제사회에서 신뢰도가 떨어지는 등 부작용이 있기 때문에 WTO 규범에 합치하도록 국내제도를 개선하는 것은 필수적이다.

따라서 기왕에 국제 통상규범을 받아들일 수밖에 없다면 대외개방이 경제선진화를 위한 불가결의 조건이라는 인식 아래, 이를 국내 구조조정과 제도적 선진화 추진의 원동력으로 삼아야 하며, 이러한 과정은 경쟁촉진을 통한 기업경쟁력 향상, 공정한 시장질서확립, 경제투명성 강화 등 내부적인 경제선진화에도 기여할 것이다.

선진통상국가로 가기 위해서는 개방효과를 극대화하고 그 부작용을 최소화할 수 있는 대외개방과 대내개혁을 연계하는 종합적이고 통합적인 정책적 패러다임이 필요하며, 이는 대외개방이 이루어지면 대내개혁이 촉진되고, 대내개혁이 달성되어야 대외개방의 긍정적 효과가 배가되는 개방의 선순환 효과를 도출해낼 것이다. 따라서 금융, 외환, 경쟁, 노동, 기업제도와 관행에 대한 개선과 새로운 성장동력 산업육성과 국가이미지 제고를 통하여 교역확대구조를 정착시키는 것이 무엇보다도 필요하다.

2) 글로벌시장의 적극적 활용을 통한 선진통상국가 구축

글로벌경쟁력 강화를 통해 경제전반의 생산성을 제고시키는 한편, 글로벌시장을 적극적으로 활용하기 위해 더욱 노력해야 할 것이다. 바로 이것이 선진통상국가 구축을 위한 두 번째 전략인 글로벌시장의 적극적 활용이다.

우리나라가 현재 당면하고 있는 성장둔화, 고령화, 소비침체 등 여러 문제점들을 극복하고 선진국으로 진입하기 위해서는, 적극적인 시장개방으로 구조조정을 촉진하고 이를 통해 효율성 증대시키는 경제성장의 선순환이 필요하다.

특히 우리나라의 산업구조는 서비스업이 55.5%, 제조업 28.7%, 사회간접자본 11.7%로 선진국의 평균적인 서비스업 비중(75.5%)과는 큰 괴리를 보이고 있어 구조조정을 통한 산업구조 전환이 시급한 실정이다. 따라서 서비스시장 개방을 통해 산업 구조조정과 구조전환을 자연스럽게 이루는 계기로 삼아야 할 것이다.

또한 인구 고령화 등에 따른 노동시장의 경직성을 타파하기 위해서는 적극적으로 외국인력 유치를 추진해야 할 것이며 외자유치와 해외투자를 통해 기업의 글로벌경영을 지원하고 촉진시킴으로써 새로운 성장동력을 창출해야 할 것이다.

WTO의 다자무역체제와 OECD, APEC 등의 지역경제협력체제에 능동적으로 참여하고 FTA로 대표되는 지역주의를 적극적으로 활용하여 글로벌 네트워크를 구축해야 하며, 따라서 현재 정부에서 추진중인 주요국과의 동시다발적 FTA 체결전략을 적극적으로 지지하는 것이 필요하다.

시장개방 전략수립에 있어서는 다자협상과 양자/지역협상을 연계한 전략을 수립함으로써 협상 레버리지를 높이고 시너지 효과를 창출할 수 있다. 예를 들어 WTO DDA 협상에서 개방이 불가피할 것으로 예상되는 민감품목에 대해서는 FTA 협상에서 과감하게 양보함으로써 우리의 관심품목에 대해 상대국의 진전된 개방을 요구하는 등의 연계전략 수립이 필요할 것이다.

또한 국제통상환경의 트렌드라고 할 수 있는 경제블럭화 현상에 발맞추고 동북아지역의 무역질서와 경제협력수준을 높이기 위해, 한-중-일-아세안 등의 국가간의 전략적 자유무역협정 체결 및 상호협력을 주도적으로 이끌어나갈 필요가 있으며 이를 통해 동북아지역에서의 한국의 위상을 제고하고 한국의 역할을 특화시킬 수 있을 것이다.

3) 선진 통상인프라 구축을 위한 내부적 노력

선진통상국가 구축을 위한 세 번째 전략은 선진 통상인프라 구축이다. 우리나라의 경우 무역의존도가 69.3%가 넘는 수출지향적 국가이며, 생존을 위해 해외시장 진출이 필수적이라는 것은 전 국민이 다 알고 있는 사실이라 해도 과언이 아닐 것이다. 하지만 이율배반적으로 우리나라는 자국의 문화와 시장개방에 대해서는 어느 나라보다 배타적인 정서와 수동적인 통상관을 지닌 것이 현실이다. 따라서 상호주의의 실현과 효율적 국가발전을 위해서 개방은 필수라는 인식의 전환을 통해 국민 전반에 개방친화적인 마인드가 확산될 수 있도록 노력해야 하며 이는 선진통상국가로 가는 밑거름이 될 것이다.

통상협상은 무역자유화를 통해 모든 참여자들이 윈-윈하기 위한 길을 모색하는 과정이며 이를 위해서 상호주의가 특히 강조된다. 따라서 적극적으로 통상협상에 참여하기 위해서는 "무엇을 얻을 것이며 무엇을 줄 수 있을 것인지?"에 대한 사전적인 국내합의가 있어야 하며, 국내 합의를 위해서는 통상정책을 국내 산업정책과 연계하고 민간의견을 적극적으로 반영하며 사회보장체제를 확충하는 등의 노력이 필요하다. 국민적 공감대가 형성된다면 통상협상에 있어서 명확하고 일관된 협상전략을 마련할 수 있을 것이다.

시장개방에 따라 구조조정이 진행된다면 불가피하게 피해를 입는 부문이 생길 수 있으며 이로 인해 사회갈등이 유발될 수 있으므로 이를 치유하기 위한 지원제도와 사회보장체제의 확립이 필요하다. 하지만 무원칙적이고 과도한 지원은 도덕적 해이를 유발할 수 있으므로 국내 산업정책과 연계하여 포괄적인 구조조정 지원책을 수립하고 사회안전망을 전체적으로 강화하는 것이 바람직하다고 할 수 있다. 또한 국가적 차원에서 시장개방의 피해지원을 위한 사회보장비 지출을 국민 모두의 부담보다는 공익이 더 큰 사회적 공공재로 인식하는 국민의 인식전환이 필요하다고 생각된다.

우리나라가 참여하고 있는 통상협상과 시장개방의 직접적인 수혜자는 수출기업임에도 불구하고 사실상 통상전략수립에 있어서 기업의 의견이 적극적으로 반영되는 경우는 보기 어려운데, 이는 기업들의 무관심이 가장 큰 원인이지만 정부의 홍보와 정보공유 방식에도 어느 정도 문제점이 있는 것으로 생각된다.

통상협상의 결과가 개별 기업에 어떤 영향을 미치는지에 대해서는 기업 스스로가 가장 잘 알 수 있을 것이며, 이러한 기업의 의견이 협상전략에 반영되어야만 국익을 극대화하는 방향으로 협상이 체결될 수 있을 것이다. 따라서 선진통상국가가 되기 위해서는 무엇보다도 기업 참여가 우선되어야 한다.

이와 더불어 통상협상으로 수혜를 받는 이해집단과 소비자 관련 NGO에서도 통상협상에 대해 적극적으로 의견을 개진하는 자세가 필요한데, 현재는 피해가 예상되는 이해집단에서만 강력하게 우려를 표명할 뿐이다. 따라서 통상협상의 부정적 측면만이 부각되어 왜곡된 국민여론을 조성하는 경향이 있다. 그러므로 수출확대의 혜택, 소비자 후생증대 등의 긍정적인 측면도 강조되어 균형잡힌 국민여론을 형성할 필요가 있다.

마지막으로 선진통상국가로 나아가기 위해서는 여러 이해관계자들의 입장을 조정하고 때로는 강한 추진력을 지닌 힘있는 통상조직과 통상 전문인력 양성이 필수적이다. 최근의 통상협상은 각종 비관세장벽은 물론 서비스, 투자, 지적재산권 등 그 범위가 확대되어 세부적인 전문지식을 필요로 하는 경우가 많지만, 정작 협상에 직접적으로 참여하는 정부 부처의 경우 순환보직 인사시스템으로 인해 통상 담당자의 재직기간이 평균 2년 정도인 것이 현실이다.

지금까지 2~5절에 걸쳐 현재 우리 경제가 처한 대내외 환경을 분석하였고, 한국이 이러한 위기상황을 극복하고 선진국으로 진입하기 위해서는 선진통상국가로의 전환이 필요함을 강조하였다. 또한 주요 선진국들의 사례를 분석하여 선진통상국가들의 공통점을 추출하고 이를 토대로 한국형 선진통상국가의 모델을 정립하였으며, 한국이 향후 선진통상국가로 나아가기 위해서는 어떠한 노력들이 필요한지에 대해 구체적인 구축방안을 제시하였다. 이러한 방안을 도표로 정리한 것이 〈그림 2-34〉의 선진통상국가 구축방안이다.

6. 결론

지금 우리경제는 선진국으로 가기 위한 험준한 산을 넘고 있다. 우리 국민소득은 아직 1만 달러 수준에 머물고 있다. 경제위기 탓도 있지만 선진국의 경우도 국민소득 1만 달러에서 2만 달러로 가는 과정이 결코 순탄치 않았다. 우리는 선진국에 비해 아직도 커다란 소득격차를 안고 있는데 이러한 소득격차는 곧 우리의 발전격차를 의미하며 발전

〈그림 2-34〉 선진통상국가 구축방안

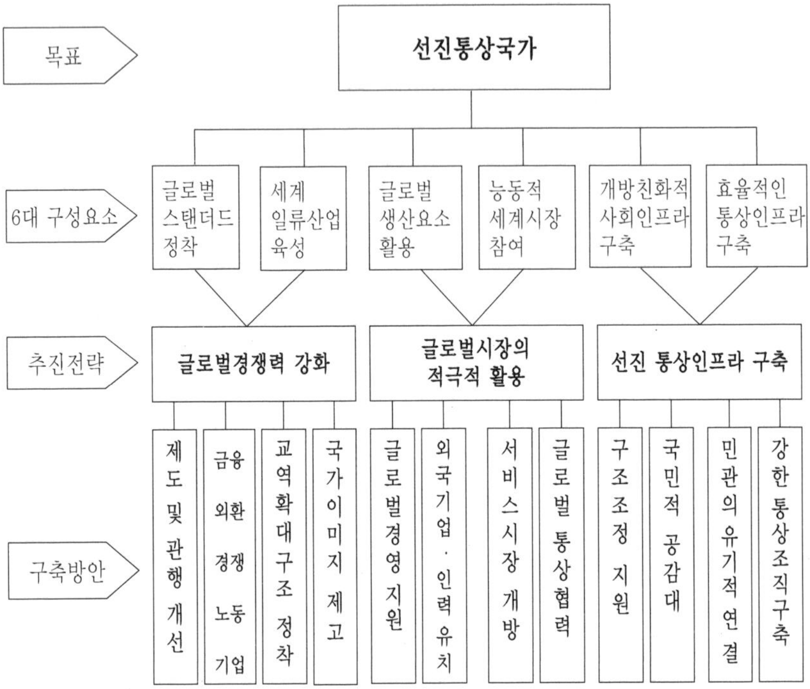

격차는 제도와 의식의 격차를 반영한다. 한 개인의 성장과정이 그러하듯 한 사회의 제도와 의식 또한 수년만에 바뀔 수 없다.

결국 앞으로 10여 년은 선진국에 대한 우리사회의 발전격차, 제도격차를 점진적으로 줄여나가는 기간이 될 것이다. 선진국으로의 진입이나 고속성장에 관한 비현실적인 기대를 버리고, 경제체질 개선 및 선진적 제도와 관행을 체제화하는 것이 중요하다. 이러한 과정에서 특히 우려를 자아내는 것은 세계화 또는 글로벌화로 총칭되는 여러 변화가 계속해서 전개되고 있다는 사실이다. 세계화는 번영의 기회를 가져다주기도 하지만 동시에 심각한 위험을 가져오기도 한다. 따라서 위험과 기회, 양 차원에서의 대책이 요구된다.

윌리엄 그라이더(William Greider)의 말처럼 우리가 준비되었든 아니든 간에 세계는 급속히 하나가 되고 있다.[22] 그러나 사실 우리는 준비되어 있지 않다. 우리는 세계화라는 새로운 현실 속에서 제반요인들에 대해 적절히 대응하고 구조조정에 더욱 박차를 가하여야 할 것이다. '선진통상국가 구축'은 현재 이러한 세계화의 격랑 속에서 우리가 안고 있는 선진국에 대한 발전격차를 최대한 빠른 시일 안에 줄이고자 하는 비전이다.

우리사회 특유의 역동성(*dynamism*)을 에너지로 하여 새로운 시대환경이 요구하는 새로운 제도구축을 토대로 통합에 기초한 전방위적 혁신을 추진한다면 이러한 비전달성은 가능할 것이다.

22) William Greider, *One World, Ready or Not*, 1999

■ 참고문헌

과학기술부, 통계정보(http://www.most.go.kr).
김동석(2004), "산업부문별 성장요인분석 및 국제비교", KDI.
중소기업청, 중소기업조사통계시스템(http://www.stat2.smba.go.kr).
외교통상부 FTA 홈페이지(http://www.fta.go.kr).
산업자원부, 산업자원통계(http://www.mocie.go.kr).
IMD, World Competitiveness Yearbook 2005.
CIA 국가정보(http://www.cia.gov).
Choi, Nakgyoon, Soon-Chan Park, and Chang-Soo Lee(2004), "Analysis of Trade Negotiation Options in the East Asian Context" Policy Analysis 03-02. KIEP.
Greider, William, One World, Ready or Not, Penguin Books, 1999.
KIEP, 정책자료 05-1 선진통상국가의 개념 정립, 2005년 4월.
KITA, 주요무역동향지표 2005, 2005년 4월.
KITA, 한국무역통계(http://www.kita.net).
KITA, 조사보고서 "세계 RTA현황", 2006년 1월.
KITA, 조사보고서 "세계 점유율 1위 품목으로 본 우리 경쟁력 현황", 2005년 10월.
KITA, 조사보고서 208개 지표로 본 대한민국 2005, 2005년 11월.
UNCTAD 홈페이지(http://www.unctad.org/).
Worldbank, online database(http://devdata.worldbank.org).
WTO 홈페이지(http://www.wto.org).

3 과학기술 연구개발의 새로운 지평

임경순

지난 20세기 동안 엄청난 발전을 거듭해온 과학기술은 적어도 1980년대 이후 변화의 조짐이 구체화되기 시작하였고, 이제 새로운 변화를 요구받고 있다. 제2차 세계대전 이후 과학기술은 국가와 기업 발전전략의 핵심을 차지하게 되었고, 그 위상이 커지면서 사회로부터의 새로운 요구를 수용하며 변신하는 노력을 해야 했다. 변화의 시대에 살고 있는 우리는 21세기에 우리를 먹여 살릴 새로운 신산업을 창출할 수 있는 지식의 원천으로서 새로운 과학기술의 모습은 과연 어떠한 것인가에 대해 고민하는 한편, 현재에도 계속 부가가치를 창출하고 있는 기존의 전통산업에 대해 어떤 발전전략을 수립해야 하는가에 대해 다시금 생각할 때이다. 이 글에서는 오늘날 우리에게 당면한 과학기술 연구개발 전략의 새로운 모습은 무엇인가를 진단해본다.

1. 과학기술 연구개발의 시작

세계적 차원에서 과학기술이 산업에서 중요한 역할을 하게 된 것은 19세기 말부터였다. 1876년 독일의 화학회사인 바이어는 세계 최초의 기업체 내 연구소를 설립하였는데, 이것이 기업체의 과학기술 연구개발 방식 가운데 가장 고전적인 형태로 기록되었다. 바이어에 이어 획스트, 바스프, 아그파 회사 등의 화학공업회사들도 기업체 연구소를 설립하였으며, 1900년에는 전기산업체인 제너럴일렉트릭사에서도 기업체 내에 연구소를 만들면서 전기공학 분야에서도 산업적 연구가 시작되었다. 이 시기의 연구개발은 주로 대학 실험실을 모방해서 만들어졌고, 연구개발 주체도 대개의 경우 대학교수들과 그가 배출한 학생들이 담당하였다.

1930년대에 캐로더스라는 한 화학자가 실험실에서 개발한 합성섬유가 나일론이라는 이름으로 상품화되어 엄청난 부가가치를 창출하면서 듀폰사에서는 이른바 나일론 신화가 창조되었다. 이 나일론 신화에 이어 레이더 및 원자폭탄의 개발은 기초과학의 가능성을 전 인류에게 보여주었으며, 이제 과학기술은 그 무한한 가능성을 사회 속에 더욱 강하게 각인시켰다. 결국 나일론 신화는 기초과학, 응용과학, 산업화로 이어지는 선형연구개발 모형이 형성되는 데 커다란 역할을 하였다.

2. 선형연구개발 모형의 출현과 새로운 도전

선형연구개발 모형은 제2차 세계대전 중 국방연구를 담당했던 배니버 부시(Vannevar Bush, 1890~1974)에 의해 보다 구체적인 형태로 발전했다. 1945년 7월 부시는 트루먼 대통령에게 전후 미국의 과학정책에 가장 커다란 영향을 미치게 될 34쪽의 보고서를 제출했다.[1] 〈과학, 끝없는 미개척지대〉(*Science, the Endless Frontier*)라는 제목의 이 보고서에서 부시는 미국은 항상 새로운 미개척 분야에 도전하는 정신이 원천이 되어 발전했으며, 이제 미개척지는 다소 사라지고 있으나 과학의 미개척지는 남아 있고, 미국정부는 바로 이 미개척 영역 탐구를 지원하는 것을 국가의 기본정책으로 해야 한다고 주장했다. 또한 그는

1) J. Merton England, "Dr. Bush Writes a Report: Science-The Endless Frontier", *Science* 191 (January, 1976), pp.41~47.

새로운 상품, 산업, 직업들은 끊임없이 자연에 대한 새로운 지식을 요구하며, 이 새로운 지식은 기초과학 연구를 통해서만이 얻어질 수 있다는 점을 강조했다.

기초과학 연구를 통해 국가번영과 안전보장을 도모하려고 했던 부시의 꿈은 전후 미소 냉전시대를 거치면서 미국의 대표적인 과학기술 정책으로 분명하게 구현되었다. 우선 부시는 보고서에서 국가의 과학기술 발전을 위해 국립연구재단(National Research Foundation)을 설립할 것을 제안했는데, 그의 건의는 그 후 5년 동안의 논쟁을 거쳐 1950년 미국 국립과학재단(National Science Foundation)의 설립으로 구체화되었다. 국립과학재단, 국립보건원(National Institute of Health), 군부로 대변되는 연방정부와의 긴밀한 협력 관계 속에서 전후 MIT를 비롯한 미국의 연구중심대학들은 국방과학 연구와 이에 수반된 기초과학 연구를 통해 엄청난 규모로 성장했다.

한편 제 2차 세계대전중 원자탄과 레이더를 개발하는 과정에서 연구개발 관리의 중요성이 새롭게 조명되었다. 전쟁 경험을 통해 임무중심의 프로젝트 및 연구과제 관리의 중요성이 인식되었고, 이런 체계적 연구관리 방식은 우주개발, 수폭개발과 같은 국방연구에서 그 진가를 발휘하였다. 이리하여 제 2차 세계대전 이후의 과학기술 연구개발 전략은 주로 선형연구개발 모형으로 기초과학에 대한 체계적 관리를 통해 산업적 성과를 이룩하는 것을 특징으로 한다.

하지만 1990년대에 들어와서 핵무기와 같은 무기경쟁에 바탕을 둔 미소냉전이 종식되고, 정보통신혁명 및 생명과학기술의 놀라운 발전을 주축으로 하는 새로운 지식기반 사회가 출현하면서 부시가 제창한 "끝없는 미개척지대"의 논리는 새로운 도전을 받았다. 즉 21세기를 이끌 새로운 미개척 영역은 기초과학 연구와 국방과학 연구를 바탕으로 한 연방정부와 연구중심대학과의 협력을 통해서가 아니라, 변화하는 사회의 새로운 가치체계와 욕구에 능동적으로 대처할 수 있는 새로운 도전정신을 구현하는 곳에서 모색되어야 한다는 것이다. 이런 변화에 부응하기 위해서라도 대학, 산업체, 정부는 지금까지와는 다른 새로운 협력관계를 유지해야 하며, 기초과학, 응용과학, 공학 등의 관계도 다시 한번 재정립해야 한다는 것이다. 결국 부시가 주장했던 이른바 선형적 연구개발 방식은 기초연구, 응용연구, 상업화 등이 복합적으로 얽힌 역동적 모형으로 바뀌었으며, 융합기술의 출현에 의한 비연속적 혁신 형태도 나타난다.

3. 융합기술의 일상화 및 비연속적 혁신

최근에 과학기술 분야에서 나타나는 가장 두드러진 현상 가운데 하나는 융합기술의 출현이 일반화되었으며, 이에 따라 나타나는 기술혁신도 비연속적 형태를 띠고 있다는 것이다. 이런 일련의 변화를 제대로 파악하기 위해서는 기존 지식이 서로 융합하여 나타나는 새로운 비연속적 혁신에 대한 관심을 가져야 하며, 이를 위해서는 새롭게 등장하는 신흥 기술이 출현하는 과정에 대한 이해가 필요하다.

20세기를 통해 과학관을 지배하던 통일과학 내지 환원주의적 세계관은 1960년대부터 심각한 도전을 받았다. 이런 일련의 변화는 1960년대부터 나타나기 시작한 일련의 문명사적 변화와 밀접한 연관을 맺고 있었다. 이 시기는 베트남전쟁, 민권운동이 강하게 부상되었고, 이에 따라 서구의 기술관료체계와 과학기술체계에 대한 근본적 회의가 나타나던 시기였다. 20세기 후반에 풍미했던 생태주의의 포문을 연 레이철 카슨의 《침묵의 봄》과 마르쿠제의 《일차원적 인간》이 바로 이 시기에 나타났다. 과학철학 분야에서도 토머스 쿤의 《과학혁명의 구조》가 출간되면서 탈경험주의, 패러다임 변화, 공약불가능성 등에 대한 내용이 철학계에서 새로운 변화를 이끌어갔다.

20세기의 두 차례의 세계대전을 통해 과학기술에 대한 사회적 의존도가 커지면서 과학기술에 대한 사회적 영향력도 함께 증대되었다. 제2차 세계대전 이후 나타난 냉전이 심화되면서 군부는 기초과학을 지원하면서도 자신들의 군사적 목적을 과학기술에 반영하도록 노력하였고, 과학기술은 서서히 사회적 요구에 부응하는 형태로 체질이 변화되었다. 이외에도 1980년대 이후 미국이 개발한 기초과학의 성과를 바탕으로 미국을 압박하는 모습이 나타나면서 일본의 무임승차론이 미국 내에서 커다란 문제가 된 적이 있었으며, 이 당시 일본기업의 도전은 미국의 과학기술 연구전략에도 커다란 영향을 미쳤다. 이런 일련의 변화 속에서 사회는 새로운 지식정보화 시대로 접어들었고, 과학기술 분야에서 초분야적 융합이 자주 등장하게 되었다.[2)]

21세기에 이르러 과학기술은 단순히 결합, 통합, 학제간 협력 차원을 넘어서 아예 새로운 융합의 단계로 발전하는 모습을 보인다. 최근 등장한 나노테크놀로지, 나노-바이오기술, 생물정보학(*Bioinformatics*) 등은 바로 이런 경향을 보여주는 대표적 학문분야라고 할 수 있다.

융합화의 시대에는 연구개발의 모습에도 많은 변화를 가져왔다. 우선 기초, 응용, 산업화로 이어지는 배니버 부시의 선형연구개발 모형이 붕괴되었고, 산업과 응용, 기초 사이에는 아주 복잡한 상호작용이 존재한다는 것이 분명해졌다. 미국의 경우 연구중심대학에 대한 지원기관이 연방정부에서 민간기업체로 바뀌는 변화가 나타났고, 대학은 시대적 변화에 부응하여 자구책을 마련하면서 대학 내 학과분화 및 학문분야의 융합화가 촉진되었다. 과학기술에 대한 사회적 의존도가 높아질수록 과학기술에 대한 사회의 요구는 더욱 강하게 영향력을 미쳤으며, 결국 다양한 사회적 욕구에 부합되는 과학기술만이 살아남는 시대가 되었다.

4. 미래사회의 요구와 과학기술 연구개발

과학기술이 사회적 필요에 부응하는 모습이 분명해지면서, 미래 과학기술을 예측하는 방식에도 많은 변화를 가져왔다. 과학기술에 대한 투자에서 미래 예측은 무척 중요한 의미를 지닌다. 미래에 우리를 먹

---

2) Bernadette Bensaude-Vincent, "The Construction of a Discipline: Material Science in the United States", Historical Studies in *the Physical and Biological Sciences* 31(2), 2001, pp.223~248.

여 살릴 차세대 성장산업을 미리 예측하여 연구개발을 체계적으로 준비하는 것이 국가 및 기업의 미래를 좌우한다는 것은 결코 과장이 아니다.

그동안 과학기술의 미래를 진단하는 많은 예측은 현재 과학기술 가운데 가장 앞서가고 있는 분야를 중심으로 행해졌다. 즉 과학기술이 극복할 수 있는 한계, 집적도, 속도, 압력, 규모 등을 바탕으로 해서 미래사회에서 과학기술이 차지할 영향력을 진단한 것이다. 나노 수준의 메모리칩, 펨토초 레이저, 원자레이저, 초음속 민간 여객수송, 차세대 인터넷, 차세대 유전자 분석장치, 초고층 빌딩, 줄기세포 치료, 차세대 지능형 로봇 등 다가올 미래에 우리에게 선보일 수많은 첨단 과학기술의 후보가 있다. 하지만 최근에 와서는 미래의 과학기술의 모습을 진단하는 데에는 한계기술의 돌파라는 과학기술 내적 요인뿐만 아니라 미래사회의 필요성을 강조하는 추세가 나타난다. 즉 과학기술이 발휘하는 사회적 변형력이 커지면서 미래 과학기술은 현재 과학기술의 한계를 극복하는 것은 물론이고 미래사회에 나타날 다양한 인간 욕구를 충족시키는 방향으로 전개될 것이라는 것이다.

만약 미래사회가 풍요롭고 건강한 삶, 즐겁고 여유 있는 안전한 생활을 추구할 것이 예측된다면, 이에 부응해서 나타날 미래의 과학기술도 이와 연관된 삶의 질 향상을 추구하는 방향으로 발전할 것으로 예측된다. 현재 발전하고 있는 분야의 과학기술 지식이 현재 상태 그대로 미래사회에 활용되는 것이 아니라 다양한 분야가 서로 결합되어 융합된 형태로 나타나고 시대의 다양한 요구에 부응하면서 미래의 과학기술은 새로운 모습으로 우리에게 다가올 것이다.

예를 들어 우리나라는 현재 세계에서 유례가 없을 정도로 급격히 노령화 사회로 접어들고 있다. 이런 추세를 생각한다면 미래에 우리나라에서는 장수사회에서 나타나는 문제에 대처하기 위한 다양한 과학기술이 발전할 것이다. 또한 다양한 레저관련 과학기술도 인간의 상상력과 결합되면서 우리 주변에 다채로운 모습으로 다가올 것이다. 보다 빠른 속도와 거대규모를 자랑하는 현대과학은 항상 치명적인 위험에 노출되어 있다. 미래사회에서는 이런 위험을 극소화할 수 있는 다양한 안전

관련 과학기술도 각광을 받게 될 것이다. 미래과학의 모습을 진단하는 일은 이제는 단순히 과학기술의 발전을 조망하는 것으로는 불가능하며, 과학기술을 바라보는 인간의 가치관과 밀접하게 연결을 맺으면서 발전하게 될 것이다.

5. 연구개발 전략의 새로운 변화

연구개발에 있어서 현재 및 다가올 미래사회에서 분출되는 사회적 요구를 능동적으로 반영해야 하며, 과학기술 자체 연구개발 방향에 의존하는 것은 한계가 있다는 주장은 이미 1960년대부터 나타나기 시작했다. 그 맹아적 변화를 감지할 수 있는 대표적인 예로 미국의 화학회사인 듀폰의 연구개발 변화과정을 살펴보자.

1930년대에 연구개발한 나일론으로 엄청난 돈을 벌어들인 미국의 듀폰사는 1945년 이후부터 1970년대까지 기초과학 중심의 선형적 연구개발 모형을 기업의 기본전략으로 채택했다. 과학에 바탕을 둔 기업의 신상품 개발전략에 따라 듀폰은 '새로운 나일론'을 개발하기 위해 기초과학 분야의 연구개발에 엄청난 돈을 쏟아 부었다. 하지만 전후 20여 년 이상의 중장기적 성과를 놓고 볼 때 새로운 생산품에 의해 측정된 연구개발의 생산성은 그다지 크게 증가하지 않았다. 회사는 40여 종의 새로운 생산품을 개발하기 위해서 무려 20억 달러를 지출했으나, 수지타산 면에서는 결과적으로 손해였다. 1960년대에 듀폰사에게 이익을 주었던 효자상품들은 '새로운 벤처'가 본격화된 1960년 이후에 개발된 상품은 아니었고, 오히려 1930년대와 1940년대에 개발된 것이었다. 또한 회사에 이익을 주는 연구개발은 새로운 신물질의 개발보다는 기존에 개발한 물질의 공정을 개선하는 쪽이 훨씬 유리하다고 하는 분석까지 나왔다. 급기야 1960년대 말에 와서는 회사의 경영진들조차 '새로운 벤처' 전체 프로그램의 실패를 선언했고, 회사의 전체 개발전략에 대해서도 의문을 던졌다.[3)]

1970년대 이후 듀폰의 경영진들은 자유방임적인 기초과학 중심의 연구개발 전략을 포기하고 대신 신제품과 기존상품, 대규모 연구와 소규모 연구, 중앙집중식 연구개발 및 분산적 연구개발, 기초연구와 수요자의 요구 등을 적절히 조화시킨 새로운 연구개발 전략을 선택하였다. 듀폰의 이런 변화는 곧 다른 회사에도 파급되었고, 기업의 연구개발 전략에도 커다란 변화를 가져왔다.

1980년대를 거치면서 AT&T, IBM 등 연구개발에 엄청난 투자를 했던 세계의 대표적인 기업들은 기초과학에 바탕을 둔 연구개발 전략을 수정하기에 이르렀다. 이후 수요중심의 연구개발, 연구 수명주기의 고려, 수요와 위험도를 고려한 연구개발의 적절한 포트폴리오 등이 연구개발 전략수립에 고려해야 할 핵심사항으로 부상되었다.

이런 일련의 변화를 통해 기초과학 연구가 응용연구, 산업적 연구로 이어진다는 부시의 선형모형은 한계를 드러냈다. 부시의 선형모형의 한계점을 지적한 비선형 연구개발 모형의 한 예로는 기초과학, 응용과학, 상업화가 서로 얽혀있는 체인링크 가설(*chainlink hypothesis*)을 들 수 있다.[4] 체인링크 가설에서는 연구기관과 대학의 활동영역인 연구 이외에 현재 지식수준을 나타내는 각종 과학기술 자료와 시장 및 기업의 설계, 생산, 판매활동 등을 모두 엮어 체인-링크 모형을 구성하고 이것을 바탕으로 기술혁신 과정을 설명한다. 즉 이 모형에서는 연구개발을 잠재시장을 파악하여, 발명 및 기본설계, 상세설계 및 검사, 재설계 및 생산, 시장출하의 과정을 거치면서 기술혁신을 촉진하는 것으로 간주한다. 부시의 선형모형과는 달리 이 가설에서는 산업계, 연구소, 대학간의 효과적 연계와 기초과학, 응용과학, 산업적 응용 사이의 복합적 연결이 중요한 정책과정이 된다.

1990년대를 통해 인터넷 및 바이오 혁명으로 이어지면서 과거와는 다른 완전히 새로운 형태의 연구개발 전략이 등장하였다. 우선 이 시

---

3) David A. Hounshell and John Kenly Smith, jr., *Science and Corporate Strategy: Du Pont R&D, 1902~1980*, Cambridge: Cambridge University Press, 1988.

4) Stephen J. Klein and Nathan Rosenberg, "An Overview of Innovation", in R. Landau and N. Rosenberg, eds., *The Positive Sum Strategy*, Washington, D. C.: National Academy Press, 1986, pp.275~305.

대의 연구개발 관리방식에서는 연구논문, 특허 등과 같은 형식지뿐만 아니라 말로나 글로 표현할 수 없는 암묵지(*tacit knowledge*)도 중요시하였다. 이외에도 최근에 논의되는 연구개발 전략에서는 기술혁신의 복합적인 전개방식을 설명하면서 지난 수십 년 동안 발전한 새로운 학습이론을 적극적으로 활용하고 있다. 전통적인 학습모형에서는 가르치는 사람이 정합적인 개념을 배우는 사람에게 알기 쉽게 설명하는 선형적인 과정이었다. 배니버 부시의 선형모형은 암묵적으로 이런 입장을 기본으로 받아들였다. 하지만 최근 학습이론에서는 이런 정합성보다 실제로 행하고 대화하는 과정이 학습과 혁신에서 중요하다고 생각하고 있다.

새로운 학습이론에서는 학습과정에서 특정개념에 대한 정확한 이해가 제품의 사용이나 기계, 장비의 실행과정에서 발생하는 '사용에 의한 학습', '실행에 의한 학습', 그리고 여러 상이한 주체들 사이의 공식적 혹은 비공식적 '상호작용에 의한 학습' 등 다양한 실천을 통해서 얻어진다고 보고있다. 이런 상호작용에 의한 학습이론은 최근의 연구개발 전략에서 아주 중요한 위치를 차지한다. 즉 다양한 실천적 학습을 통해서 새로운 발상의 전환이 나오게 되기 때문에 학습은 바로 혁신의 원천이 되는 것이다. 즉 학습과정을 통해 주어진 문제에 대한 새로운 해결책을 모색하고, 다양한 아이디어를 융합, 수정하는 과정에서 새로운 혁신이 창출된다는 것이다. 이러한 새로운 학습이론은 최근 들어 기술혁신을 목표로 한 기업체 및 국가의 연구개발 정책에 적극적으로 반영되고 있다. 연구개발 과정에서 나타나는 역동성(*Dynamism*)은 바로 이런 학습과정에서 나오는 것이다. 더욱이 최근에 많이 거론되는 지역혁신체계론이나 혁신 클러스터이론은 이러한 학습이 왜 특정지역에서 자주 일어나는가를 설명하기 위해 학습공간이론을 받아들이기도 한다. 학습공간이론에서는 특히 상호작용에 의한 학습이 그 중요성을 더한다.

6. 참여정부의 새로운 과학기술정책

참여정부는 기술혁신의 전 과정을 연계 효율화하고, 국가 연구개발사업의 연구기반 구축 및 효율적인 기획능력을 강화하기 위해 다양한 정책을 전개하고 있다. 국가의 과학기술 연구개발정책을 통합적으로 기획·조정할 과학기술혁신본부를 설립한 것이 그 대표적인 예라고 할 수 있다. 과학기술은 이제 단순히 지식을 창출하는 역할을 넘어서 미시경제의 핵심적 요소로서 우리사회에 새로운 방식으로 기여해야 한다는 역할을 할 것을 요구받고 있다. 이를 위해서는 과학기술을 둘러싼 경제, 산업, 문화 등 다양한 요인에 대한 검토가 필요하다. 현재 과학기술혁신본부는 국가 연구개발을 통합적으로 기획관리하기 위한 다양한 방안을 검토하고 있다.

과학기술혁신본부는 처음 설립될 때의 이념처럼 과학기술부 이외의 다른 부처의 요구를 수요자적 관점에서 종합적으로 지원하는 태도를 지속적으로 유지해야 한다. 과학기술 연구개발은 해방 이후 단선적인 선형모형에서 다양한 사회적 요구를 수용하여 연구개발을 수행하는 역동적인 모형으로 바뀌고 있다.

10년 뒤에 우리나라를 먹여 살릴 핵심기술은 지금은 존재하지 않는 새로운 형태일 것이라는 전망이 나오고 있지만, 현재 우리가 의존하고 있는 산업이 지속적으로 부가가치를 창출할 가능성도 있다는 것에 유념해야 한다. 따라서 부품소재와 같은 전통산업을 지속적으로 발전시킬 중간 수준의 연구개발 및 상업화·사업화 확산도 미래형 첨단 연구개발 못지 않게 중요하다.

첨단기술로 이루어진 다양한 차세대 성장동력 산업 가운데 미래에 우리나라를 실제적으로 먹여 살릴 분야가 나타날 가능성은 충분히 있다. 하지만 전통산업에서도 여전히 부가가치를 창출할 가능성이 있다는 것도 염두에 두어야 한다. 특히 부품·소재분야는 국가경쟁력 강화와 고용효과를 동시에 이룰 수 있으며, 지역에 산재한 다양한 전통산업과 결합될 수 있다는 장점이 있기 때문에 최근 문제가 되는 양극화

해소와 국가의 균형발전에도 커다란 도움이 된다. 앞으로 정부는 세계적인 부품소재 공급기지로 부상할 수 있는 전략품목을 발굴하여 이를 지속적으로 발전시킬 수 있는 원천기술을 확보하는 것에 보다 많은 노력을 경주해야 할 것이다.

최근에 거론되는 고객과 시장의 수요 파악을 통한 비선형적 연구개발을 추진하는 것이 역동성을 대변하는 것이라면, 차세대 성장동력 산업과 전통산업의 조화를 이루는 것은 균형의 측면에서 우리가 반드시 고려해야 한다.

7. 혁신 클러스터 육성 및 산학협동

최근 우리나라에서는 지역의 발전을 위해 혁신클러스터를 육성해야 한다는 말을 자주 듣게 된다. 클러스터란 지리적으로 인접하는 연계기업, 특정영역의 연관기관 등이 유사성과 보완성을 가지고 연결된 집단을 지칭한다. 즉 특정분야에서 경쟁과 동시에 협력관계인 기업, 전문 공급업체, 관련 산업의 기업 등과, 대학, 공인기관, 기업연합회 등의 기관들의 결집체를 통상 클러스터라고 부른다. 클러스터의 대표적인 예로는 이탈리아의 가죽신발 및 가죽패션 클러스터, 캘리포니아의 실리콘밸리 등을 들 수 있는데, 이 클러스터이론은 산업경쟁력이론과 밀접하게 연관을 맺으면서 발전하였다.

클러스터는 혁신과정에서 여러 이점을 지닌다. 즉 고객의 새로운 욕구와 동향을 빨리 감지할 수 있으며, 새롭게 부각되는 기술, 공정, 물류정보를 쉽게 입수할 수 있다. 또한 클러스터 내 구성원들 사이의 지속적인 관계, 잦은 방문, 만남 등을 통해 혁신과정을 조기에 일관성 있게 학습할 수 있다.[5] 최근 논의되는 혁신 클러스터는 지식의 창출(대학, 기업, 연구소), 확산(지원·중개기관), 활용부문(산업체)이 일정 지역 내에 입지하여 긴밀한 상호협력시스템을 구축한 형태를 말한다.

---

5) 마이클 포터, 《경쟁론》, 세종연구원, 2001.

혁신 클러스터이론에서 연구개발(R&D)은 '연구와 비즈니스개발'(R&BD: *Research and Business Development*)로 그 의미가 확장된다. 즉 연구개발 과정에서 대학 및 연구소에서 만들어지는 지식만이 아니라 창업지원, 정보공유 및 교류, 금융, 회계, 세제, 마케팅과 같은 글로벌 지원체계, 심지어는 주거 및 휴양과 같은 정주여건 개선도 중요한 의미를 지닌다.

혁신 클러스터는 또한 산학협력에서도 새로운 관점을 요구한다. 기존의 산학협력은 주로 지식을 창출하는 대학이나 연구소가 중심이 되어 수요자의 요구와는 상관없이 대체로 공급자 중심으로 추진되었으며, 이런 형태의 산학협력에서 대학의 역할은 주로 연구개발 및 이론교육이 중심이 되었다. 하지만 새로운 산학협력 방식에서는 산업체의 요구를 우선적으로 반영하는 수요자중심 철학이 요구되며, 산학협력 방식도 연구개발뿐만 아니라 실용화/상품화, 현장실무중심 교육을 강조한다.

21세기 지식기반사회에 효과적으로 대응하기 위해서는 대학의 연구문화와 산업체의 요구를 적절히 조화시킨 새로운 산학협력 모형이 창출되어야 한다. 대학에서 산출된 지식이 산업체로 이전하기 쉬운 구조를 지닌 학문분야가 있는 반면, 문화적 이질성으로 인해 산학협력이 다소 힘든 분야도 대학의 학문 분야에 동시에 존재한다.[6] 이런 차별성에 대한 이해를 바탕으로 대학의 새로운 위상을 정립하고, 분야별, 대학별로 특성화된 적절한 연구개발 유형을 창출해야 한다. 지식과 돈으로 대별되는 대학의 양대 기능을 적절히 조화시켜 대학의 구조개혁을 통한 기술이전 기능을 활성화시켜야 한다.[7]

정부는 현재 우리나라 대학의 기술료 수입이 선진국에 비해 너무나 턱없이 적은 것에 대해 우려하고 있다. 정부는 기술평가, 기술금융시

---

6) David C. Mowery, Richard R. Nelson, Bhaven N. Sampat, and Arvids A. Ziedonis, *Ivory Tower and Industrial Innovation: University-Industry Technological Transfer Before and After the Bayh-Dole Act in the United States*, Stanford: Stanford University Press, 2004.

7) Roger L. Geiger, *Knowledge & Money: Research University and the Paradox of the Marketplace*, Stanford: Stanford University Press, 2004.

스템 구축, 기술이전 및 거래에 대한 기반조성정책 등을 추진하여 이 문제를 해결하려한다. 하지만 대학에서 많은 개발연구가 진행되고 특허가 출원되더라도 기본적으로 공급자중심의 연구개발이 주를 이루는 한 대학의 현실이 바뀌지 않는다면, 기술이전은 매우 형식적일 수밖에 없다. 특히 대덕 R&D 특구가 성공하기 위해서는 공급주의적 연구개발정책을 넘어선 새로운 유형의 연구개발 철학이 필요하다.

8. 기초과학의 새로운 위상 정립의 필요

정부가 차세대 성장동력 산업육성을 위한 연구개발 등 실용적 차원의 연구개발 지원에 치중하면서 기초과학을 홀대한다는 주장이 기초과학자들 사이에서 자주 등장한다. 기초과학은 과학기술의 기반으로서 중장기적으로 육성되어야 한다는 것은 당연하다. 하지만 기초과학 역시 최근에 나타나는 연구개발 전략의 변화에 좀 더 능동적으로 대처하고, 새로운 사회적 요구에 좀 더 적극적으로 부응할 필요가 있다.

이제 기초과학은 산업기술 발전의 원천으로 새로운 혁신구조를 갖추어야 하며, 이를 위해서는 기초연구, 응용연구, 상업적 연구 사이에 보다 역동적인 새로운 위상 정립이 필요하다. 최근에 와서 몇몇 연구자들은 근본연구(*fundamental research*), 전략연구(*strategic research*), 목적수행 연구(*directed research*)라는 새로운 유형의 연구방식을 제안하기도 하며, 순수기초연구, 전략적 응용연구, 전술적 상업화 연구 등으로 연구방식을 새롭게 구분하기도 한다. 이런 새로운 구분을 바탕으로 연구개발정책 입안자들은 이들 연구가 서로 중첩되어 전개한다고 해석하여 기초연구를 둘러싼 선형모형의 문제점을 극복하려고 한다. 과학기술 연구개발모형은 이제 단선적인 선형모형에서 기초연구, 응용연구, 상업화들이 서로 얽힌 역동적 모형(*Dynamic Model*)으로 바뀌고 있다.

스톡스(Donald E. Stokes)의 파스퇴르형 연구유형에 대한 분석은 기초과학과 기술혁신에 관한 새로운 관점을 제시했다.[8] 스톡스는 기초연구를 분석함에 있어 보어형의 순수 기초연구, 에디슨형의 순수 응용

연구 이외에 응용을 염두에 둔 기초연구인 파스퇴르형 연구방식에 주목할 필요가 있다고 지적했다. 파스퇴르의 발효에 대한 연구 및 자연발생설을 논박한 연구 등은 순수연구임에도 불구하고, 당시의 농업 및 의료, 위생의 영역에서 엄청난 응용 가능성을 동시에 지니는 것이었다. 파스퇴르에게 이 두 측면은 서로 시간적으로 분리되어 있는 것이 아니라 거의 동시에 이루어졌다. 파스퇴르형 연구유형은 이외에도 에너지산업을 염두에 두고 전개되었던 켈빈 경의 열역학 및 전자기학 연구, 제너럴일렉트릭(GE)에서 산업적 연구를 하다가 노벨화학상까지 수상한 랭뮤어의 연구 등과도 일맥상통하는 것이었다.

한편 제럴드 홀튼은 토머스 제퍼슨이 지원한 루이스와 클라크의 미국 서부탐사 연구가 자연에 대한 근본적인 연구인 뉴턴주의적 전통과 실용적 목적을 성취하기 위해 자연을 연구하는 베이컨적 전통을 결합한 새로운 형태의 연구방식이라고 주장했다.[9]

홀튼은 과학적 지식만을 목적으로 하는 연구는 막스 플랑크가 언급한 감각세계에 대한 지적 지배권을 목적으로 한 연구와 같은 유형으로 이것을 뉴턴 양식(*Newtonian mode*)이라고 불렀다. 반면, 자연의 신비를 밝혀내어 유용하게 이용하려는 목적의 연구를 베이컨 양식(*Baconian mode*)이라고 불렀다.

미국 서부에 산재한 광물, 암석, 동식물에 대한 연구는 당장의 성과를 요구하지 않았다는 점에서 일단 기초연구에 해당한다고 할 수 있다. 하지만 제퍼슨은 이런 연구가 미국사회에 미칠 중요성을 염두에 두면서 이 연구를 지원했기 때문에 이런 유형의 과학연구를 뉴턴 양식도 아니고 베이컨 양식도 아닌 복합된 형태의 제퍼슨 양식(*Jeffersonian mode*)라고 불렀다.

홀튼의 제퍼슨 과학과 스톡스가 주장한 파스퇴르형 연구방식은 기초과학에 대한 복합적이고 역동적인 새로운 관점을 요구하고 있다. 즉

8) Donald E. Stokes, *Pasteur's Quadrant; Basic Research and Technological Innovation*, Washington, D. C.: Brookings Institution Press, 1997. p.73.

9) Gerald Holton and Gerhard Sonnert, "A Vision of Jeffersonian Science", issues in *Science and Technology*, Fall 1999, pp.61~65.

우리는 이제 기초과학을 단순히 언젠가는 응용될 원천지식이라는 차원에서 지원할 것이 아니라, 근본적 원천지식과 아울러 실용적 응용가능성을 모두 바라보고 다양한 차원에서 지원해야 한다.

앞으로 기초연구를 지원함에 있어서 우선 기초연구에서 응용연구를 거쳐 상업적 연구에 이르기까지 전 주기에 걸친 새로운 관리방식이 도출되어야 한다. 개인의 창의적 기초연구에 대한 지원확대를 통해 개인연구, 소규모 그룹연구, 집단연구로 이어지는 단계적 지원체계를 강화할 필요가 있다. 앞으로 기초연구는 보어형의 창의적 근본연구, 산업적 응용을 염두에 둔 파스퇴르형 기초연구, 국가적 이해관계와 연계된 제퍼슨형 기초연구 등 다양한 형태로 지원되어야 할 것이다.

한편 융합지식이 기초과학 연구에 미치는 연구방식도 매우 혁명적인 모습을 띤다. 19세기에 기술혁신을 이룬 화학공업과 전기산업은 기존의 전통적 기초과학 분야인 역학의 발전을 통해 이루어진 것이 아니라, 기존의 학문 분야들이 통합하거나 완전히 새로운 기초 학문 분야가 만들어지면서 탄생하였다. 따라서 앞으로 연구개발을 추진함에 있어서 기존의 기초지식이 서로 결합되어 새롭게 융합기술을 창출할 수 있는 혁신적 기초연구에 대한 지원을 강화할 필요가 있다.

혁신적 기초연구가 강화되는 시기에는 응용성을 강조함에도 불구하고 기초연구에 대한 지원은 증가하는 경향이 있다. 1990년대 들어와서 초전도충돌형가속기(SSC) 프로젝트를 중단하는 등 미국에서 정부의 기초과학 지원이 감소했지만, 이 시기 몇몇 분야에서는 기업 차원에서 오히려 기초연구의 중요성이 새롭게 부각되었다. 즉 기존 지식들의 융합을 통한 비연속적 혁신도 중요성을 지니면서 특히 바이오산업의 경우 기업의 기초연구가 과거보다 오히려 증대되었다.[10] 결국 기초과학에 대한 역동적 모형을 도입하더라도 이 모형을 도입하게 될 때 몇몇 기초과학자들이 염려하는 것처럼 기초과학에 대한 지원이 감소하게 되는 것만은 아니다.

10) Roger L. Geiger, *Knowledge & Money: Research University and the Paradox of the Marketplace*, Stanford: Stanford University Press, 2004, pp.134~140.

9. 새로운 평가 시스템의 모색

기초과학 연구에 대한 새로운 이해는 우리에게 과학기술 지원에 관한 새로운 평가시스템을 요구한다. 과학기술 업적을 평가하는 방법으로 우리에게 가장 널리 알려진 보편적 방법 가운데 하나가 바로 동료평가제(*peer review system*)이다. 과학기술과 같은 전문적인 학문분야에서는 다른 어떤 사람보다도 같은 문제를 가지고 연구하는 동료들의 평가가 가장 적절한 것으로 알려졌다. 어떤 과학적 이론이 수용되는 데에는 대다수의 의견보다는 핵심적인 소수 과학자들의 합의에 의해 이루어지는 경우가 많고, 과학자들도 자신이 창안해낸 업적이 일반 사람들에게 인정받기보다는 우선 자기 주변에 있는 동료 과학자들로부터 인정받기를 원하는 것을 쉽게 발견할 수 있다.

우리나라에서도 동료평가제는 연구지원 대상을 선정하고 과학기술에 대한 공정한 평가를 하는 데 많은 기여를 했다. 특히 외국에서 선진학문을 배워온 과학자들은 동료평가를 통해 외국의 높은 학문수준을 유지하고 한국에 선진 과학기술 제도를 정착시킬 수 있었다.

동료평가제는 이처럼 과학기술 발전에 긍정적 측면을 많이 지닌 것이 사실이지만, 그것이 제대로 활용되지 않을 경우에는 학연이나 지연에 의한 편파적 평가와 마찬가지로 불공정하고 비합리적인 평가제로 전락할 가능성도 없지 않다. 사회에서는 이제는 요구하지도 않는 분야가 이미 선점한 다수의 연구자들에 의해 국민의 삶의 질 향상과 무관하게 특정집단만을 위해 지속적으로 살아남을 수 있다.

한편 동료평가제는 연구 지원대상을 선정할 때 전통적인 분야에 비해 학제간 분야 쪽에 불리하게 작용한다는 문제점을 지닌다. 사회가 놀라운 속도로 변화하면서 수많은 새로운 유형의 학문들이 출현하고, 이들 새로운 유형의 학문은 여러 학문분야에 걸쳐 있는 학제간 분야로 나타나는 경우가 많다. 문제는 동료평가제도에 바탕을 두고 학문적 업적을 평가할 경우에 주로 전통적 학문분야에 높은 점수를 줄 가능성이 높고, 따라서 이런 분위기에서는 학제간 분야가 제대로 뿌리를 내려 미래를 주도할 새로운 학문분야로 올바르게 성장하기는 힘들다는 데 있다.

미래의 지식사회에 적응할 수 있는 새로운 학문분야를 육성, 지원하기 위해서는 기존의 전통적 동료평가방식과 아울러 이를 보완할 수 있는 새로운 평가방식을 배합할 필요가 있다. 특히 과학기술의 발전이 사회에 미치는 충격이 클 것으로 예상되는 분야에 대한 지원을 할 때에는 동료평가뿐만이 아니라 이와 연관된 타 분야 전문가들의 평가도 광범위하게 병행시켜야 한다. 미국의 경우 동료평가는 주로 배니버 부시의 제안에 의해 커다란 틀이 잡힌 국립과학재단(NSF)에서 중점적으로 활용되었다. 하지만 국립보건원(NIH)에서는 동료평가와 아울러 다양한 패널을 구성해 사회적 요구를 수용하는 전략을 오래 전부터 추진하였다.[11] 더욱이 최근에 나타난 많은 연구들은 이런 동료평가가 제대로 작동하는 않는 다양한 사례를 제기하기도 한다.[12]

국가 과학기술정책의 목적이 국가의 과학기술 문제해결 능력을 극대화시켜 정신적, 물질적으로 우리의 삶의 질을 향상시키고, 국가의 복리증진에 이바지하여 결과적으로 민주주의에 이바지하는 것이라면, 과학기술 평가방식도 이러한 국가적·산업적 요구와 부합되는 형태로 발전되어야 한다. 앞에서 제기한 파스퇴르형 연구유형과 제퍼슨 지원방식은 바로 이런 측면이 필요함을 함축적으로 제기하는 것이다.

10. 인력수급을 고려한 연구개발 및 이공계 유인책

현재 정부의 과학기술 연구개발은 IT, BT, NT 등 미래형 기술에 선택과 집중을 하여 투자하는 경향을 보인다. 이런 '선택과 집중' 전략은 첨단분야에서 세계적인 연구개발 역량을 조기에 확보하는 데에는 아주 효과적인 연구개발 전략이라 할 수 있지만, 이 선택된 새로운 분

11) Bruce L. R. Smith, *American Science Policy since World War* II, Washington, D. C.: The Brookings Institution, 1990, pp.179~184.

12) Agnes Wold, "A Peer Review System That Did Not Work", Uwe Opolka(Max-Planck Gesellschaft), ed., *Science Between Evaluation and Innovation: A Conference on Peer Review*, Ringberg-Symposium April 2002(Max-Planck-Gesellschaft, 2003), pp.47~54.

야의 산업화 속도를 고려하여 인력수급 문제도 사전에 대책을 마련해야 연구개발의 영속성을 기대할 수 있다. 새로운 분야가 아무리 국가적으로 필요하다고 해도 공급과잉으로 인해 이 분야의 인력들에 대한 사회적 대우가 미흡할 경우, 국내에서 이 분야의 지속적 발전을 기대하기 어렵다. 최근 BT 분야에서 이런 우려의 조짐이 부분적으로 나타난다.

향후 국가 과학기술 발전은 과학기술에 대한 지지기반 확산과 핵심인력 확보에 있다. 따라서 우수인력 확보를 위한 국가 차원의 집중적인 관리정책을 장기적 관점에서 추진하고 여러 민간 주체들의 역량강화 및 파트너십 형성을 위한 지원프로그램이 필요하다. 이공계 유인책을 중장기적으로 성공적으로 추진하기 위해서 정부는 앞으로 이공계 학생들에 대한 평생 지원시스템을 마련해야 한다.

현재의 우수인력 이공계 유인책은 이공계 매력도를 다시 향상시키는 선순환 구조를 구축하기에 아직 각 사업 사이의 유기적 연계가 부족하다. 이외에도 과학기술자들의 직업 안정성 약화 및 인센티브 부족, 이공계 우수인력의 의치학 전문대학원으로의 유출 가능성 상존을 극복하기 위한 적극적인 대안모색이 필요하다.

이공계 유인책은 궁극적으로 이공계 출신의 사회적 적응 및 생존능력을 높이는 것을 목표로 해야 하며, 이를 위해서는 현재의 이공계 교육을 획기적으로 개선해야 한다. 특히 산업시대의 산물인 공과대학을 새로운 지식기반 사회에 적응하는 혁신주도형 기관으로 변신시켜야 하며, 법률, 의료, 경영, 행정, 문화예술 등과 결합될 수 있는 새로운 유형의 이공과대학으로 변신시켜야 한다.

11. 사이언스 코리아 운동과 생활과학교실

해방 이후 우리나라의 과학문화활동은 주로 기존의 과학지식을 일반인들에게 쉽게 설명하는 과학대중화 작업에 치중된 감이 없지 않다. 또한 과학문화사업도 주로 정부 주도로 이루어진다. 앞으로 과학문화

사업은 정부보다는 민간 분야의 참여유도를 통해 보다 자발적 형태가 되도록 유도해야 한다. 특히 과학문화가 산업화될 수 있도록 민간 차원의 과학문화산업 육성도 다각도로 모색해야 한다. 더 나아가 과학문화 확산활동도 단순한 과학대중화 운동의 차원을 넘어서 '대화하는 과학', '혁신하는 과학'이라는 새로운 21세기형 과학문화운동으로 승화되어야 한다.

요즘 우리나라에서는 과학문화 진흥활동이 과거 그 어느 때보다도 활발하게 추진되고 있다. 합리성, 보편성, 창의성을 바탕으로 해서 사회혁신을 구현하여, 물질적, 정신적 차원에서 사회를 발전시켜 삶의 질이 보장되는 선진사회로 만들려는 사이언스 코리아 운동이 본격화되면서, 이제 한국은 전 세계에서 과학문화 관련 활동이 가장 활발하게 전개되는 국가 가운데 하나가 되었다. 사이언스 코리아 운동의 대표적인 사업으로는 생활과학교실, 과학축전, 청소년 과학탐구반, 테마 과학관, 과학 놀이터, 사회지도급을 위한 과학프로그램 개발 등을 들 수 있다. 이런 개별 사업 이외에도 과학문화활동을 지역 단위에서 수행하려는 과학문화도시 조성사업도 현재 추진중이다.

최근 추진 중인 과학문화활동의 가장 두드러진 특징은 과거의 과학대중화 운동이 청소년 중심으로 진행되었던 것에 비해 현재활동은 사회지도층, 일반국민, 기업, 청소년들이 모두 참여하는 범국민운동으로 추진된다는 점이다. 현재 과학문화도시 사업 가운데 가장 핵심적인 기초단위 과학문화 활동인 생활과학교실을 중심으로 과학문화활동의 바람직한 방향을 모색해보자.

우선 생활과학교실은 하위 관청인 읍·면·동 단위에서 우리 생활과 밀접한 생활과학을 중심으로 대중과 만나는 과학교육활동이다. 하지만 이 생활과학교실은 단순히 초·중등 학생에게 과학내용을 전달하는 교육장소로의 역할을 수행해서는 안 되며, 청장년을 위한 다양한 프로그램을 개발하여, 궁극적으로는 이 사업을 마을혁신운동으로 발전시켜야 한다.

생활과학교실 사업을 마을혁신운동으로 발전시키기 위해서는 생활과학교실 운영 초기부터 주도면밀하게 그 추진방향과 전략을 마련해야 한다. 우선 읍·면·동 단위의 행정관청에서 진행하는 생활과학교실에서는 초등학교 학생과 학부모들을 대상으로 가장 초보적인 형태의 생활과학교실 활동을 전개한다. 초등학생 대상의 학습은 학교에서 추진하는 청소년 과학탐구반 활동과 연계·운영될 수 있도록 학부모들은 주부 생활과학교실이나 생활과학교실 강사 육성사업과 연계하여 추진하는 것이 바람직하다.

마을의 청장년을 위한 프로그램은 좀 더 신중하게 접근할 필요가 있다. 어린 청소년이 아닌 청장년에게 무턱대고 청소년 과학진흥사업과 같은 형태의 과학대중화 사업을 전개하는 것은 일정한 한계가 뒤따른다. 이들 성인을 대상으로 할 경우에는 과학기술 내용만을 쉽게 설명하는 것만으로는 부족하고 사회 속에서 과학기술이 어떻게 사업화, 실용화가 되는가를 분명히 제시하여 과학기술과 혁신과의 상호작용에 대한 포괄적인 이해증진을 추구해야 한다. 따라서 청장년층을 위한 과학문화사업은 과학기술에 바탕을 둔 마을혁신사업에 초점을 맞추어야 한다. 마을혁신사업을 효율적으로 추진하기 위해서는 우선 기초단위에 마을혁신아카데미, 마을혁신 토론회, 마을혁신센터 등 다양한 사업을 추진할 필요가 있다. 이런 사업은 단순히 과학문화재단에서 현재 실시하고 있는 과학기술 대중화 사업의 형태로는 한계가 있으며, 현재 참여정부가 추진중인 지역혁신 사업과 함께 융합된다면 더욱 실효성 있는 사업이 될 것이다.

과학기술이 혁신주도형 사회건설에 이바지하는 것도 중요하지만, 혁신과정에서 자칫 소외될 수 있는 저소득층을 비롯한 소외계층을 위한 과학문화 사업도 동시에 추진하여야 한다. 이를 위해서 현재 읍·면·동 단위에서 운영하고 있는 생활과학교실을 기초단위의 공익재단에서 운영하는 다양한 형태의 사회복지관에서도 정규적으로 개설하는 것도 한 방법일 것이다.

생활과학교실은 과학교육이 행해지는 장소이면서 과학기술과 주민이 만나는 대화의 공간이기도 하다. 근대사회 이후 과학기술의 사회적 변형력이 강화되면서 사회적 영향력이 크게 증대되었다. 과학기술이 사회에 미치는 영향이 커지면서 과학과 사회의 대화가 그 어느 때보다도 절실히 필요하게 되었다. 따라서 생활과학교실은 관념적 수준에서 이루어지는 과학과 사회 사이의 대화가 아니라, 실제적, 일상적 차원에서 과학과 시민과의 만남의 장을 조성하는 데 기여해야 한다.

12. 과학관과 지역혁신

정부는 현재 경기 과천에 10만 평(전시 9천 평) 규모의 종합과학관을 건설하고 있으며, 지역별로 다양한 특성화된 테마과학관 건설을 지원하고 있다. 정부가 그동안 지원한 테마과학관은 주로 천문과학관이 중심이 되었고, 몇몇 테마과학관이 추가되는 형편이다. 이들 과학관은 과학대중화에 많은 기여를 하는 것이 사실이지만, 지역의 과학문화의 구심체 역할을 수행하고 더 나아가 지역혁신 차원으로 기여하기에는 아직 그 위상이 제대로 정립되어 있지 않은 상태이다.

과학관은 과학기술에 대한 이해를 넓히는 것은 물론 지역민들이 함께 모여 다양한 발상과 혁신문화를 교류하는 장소의 역할을 수행해야 한다. 또한 과학관에서는 과학기술, 예술, 문화가 어울리면서 새로운 과학기술에 대한 이해를 넓히는 것은 물론 지역을 혁신할 수 있는 창의적인 생각이 산출될 수 있는 공간이 되어야 한다. 즉 과학관은 단순한 지식의 전달 공간뿐만이 아니라 지역민들이 함께 모여 다양한 발상과 혁신문화를 교류하는 시설로 거듭나야 한다. 이를 위해서는 앞으로 건설될 과학관은 기존의 전시방식의 과학관에서 벗어나 직접 체험하고 느낄 수 있는 체험형 과학관의 형태를 띠어야 하며, 혁신문화를 창조할 수 있는 만남의 장소를 제공하는 새로운 개념의 건축물이 되어야 한다.

13. 과학문화와 혁신주도형 사회건설

과학문화 사업은 이제 단순히 과학대중화 차원의 사업단계를 넘어서 지역혁신 창달 및 과학기술에 바탕을 둔 혁신주도형 사회건설에 기여할 수 있어야 한다. 즉 과학기술 연구개발이 연구만을 위한 것이 되어서는 안 되며 궁극적으로 사회발전에 기여해야 하는 것처럼, 과학문화사업도 과학문화만을 위한 활동이 되어서는 안 되며 새로운 사회변화에 능동적으로 기여할 수 있는 혁신주도형 활동이 되어야 한다.

우리나라에서 1960년대 이후 추진된 과학대중화 운동이나 과학기술진흥사업은 그 자체가 산업시대의 산물이었다. 이제 이 운동은 21세기 지식기반 시대에 부응하는 새로운 혁신주도형 사회건설을 위해 본질적으로 다른 형태로 추진되어야 한다. 현재 전국 곳곳에서 추진되고 있는 과학문화사업은 전국민의 과학화, 생활의 과학화의 차원을 넘어 과학기술과 지역혁신, 과학기술과 사회와의 대화라는 21세기형 과학문화운동으로 승화되어야 한다. 이런 새로운 형태의 복합적 과학문화활동이 전국 마을 구석구석에서 효율적으로 전개될 때만이 정부에서 추진하는 과학기술에 바탕을 둔 혁신주도형 사회건설이라는 이념이 제대로 구현될 수 있을 것이다.

■ 참고문헌

마이클 포터(2001), 《경쟁론》, 세종연구원.

Bensaude-Vincent, Bernadette(2001), "The construction of a discipline: Material science in the United States", *Historical Studies in the Physical and Biological Sciences* 31(2), pp. 223~248.

Geiger, Roger L. (2004), *Knowledge & Money : Research University and the Paradox of the Marketplace*, Stanford: Stanford University Press.

Holton, Gerald and Sonnert, Gerhard(1999), "A Vision of Jeffersonian Science", *Issues in Science and Technology* (Fall), pp. 61~65.

Hounshell, David A. and Smith, John Kenly, Jr. (1988), *Science and Corporate Strategy: Du Pont R&D, 1902~1980*, Cambridge: Cambridge University Press.

J. Merton England, "Dr. Bush Writes a Report: Science-The Endless

Frontier", *Science* 191 (January), pp. 41～47.

Klein, Stephen J. and Rosenberg, Nathan (1986), "An Overview of Innovation", in R. Landau and N. Rosenberg (eds.), *The Positive Sum Strategy*, Washington, D. C. : National Academy Press, pp. 275～305.

Mowery, David C., Nelson, Richard R., Sampat, Bhaven N. and Ziedonis, Arvids A. (2004), *Ivory Tower and Industrial Innovation: University-Industry Technological Transfer Before and After the Bayh-Dole Act in the United States*, Stanford: Stanford University Press.

Smith, Bruce L. R. (1990), *American Science Policy since World War II*, Washington, D. C. : The Brookings Institution, pp. 179～184.

Stokes, Donald E. (1997), *Pasteur's Quadrant: Basic Research and Technological Innovation*, Washington, D. C. : Brookings Institution Press, p. 73.

Wold, Agnes (2003), "A Peer Review System that did not work", Uwe Opolka (Max-Planck-Gesellschaft), ed., *Science Between Evaluation and Innovation: A Conference on Peer Review*, Ringberg-Symposium April 2002 (Max-Planck-Gesellschaft, 2003), pp. 47～54.

4 중소기업의 발전조건과 정책

새로운 사회적 합의의 필요성과 과제

조영삼

1. 문제의 제기 : 중소기업 역할 재음미

한국의 산업화는 정부 주도로 대규모 기업집단을 정점으로 한 불균형성장전략에 의해 추진되었다. 이 과정에서 중소기업 부문은 대기업 부문 내지 완성품업체의 부품공급자로서의 보완적 역할을 통해 우리 경제의 지속 성장을 뒷받침했으며, 양적으로 크게 성장했다.

우리나라의 중소기업은 2003년 전산업 기준으로 전체 사업체 수의 99.8%, 고용의 87.0%를 차지하고 있다. 제조업의 경우 중소기업의 성장은 지속적으로 대기업의 성장을 크게 상회하여 제조업 내 중소기업 비중은 증대했다. 중소제조업의 생산에서 중화학공업이 차지하는 비중은 1970년의 47.2%에서 2003년 67.6%로 높아져 산업구조 고도화가 크게 진전되었다.

중소기업 부문은 특히 고용 기여도 측면에서 큰 몫을 담당하고 있는데, 우리 경제의 전면적인 구조전환을 초래했던 외환위기 이후 중소기업의 고용창출 기능은 거의 절대적이라 할 수 있다. 1999~2003년 기간 중 전산업 기준으로 대기업은 95만 명의 고용감소를 보인 반면, 중소기업은 282만 명의 고용증가를 나타냈다. 제조업에서도 동 기간중 중소기업은 54만 명의 고용증가를 보인 반면, 대기업은 13만 명의 고

〈표 4-1〉 중소제조업의 비중 추이

구분	1993	1995	1997	1999	2001	2002	2003
사업체 수	98.9	99.0	99.1	99.2 (99.7)	99.4 (99.8)	99.4 (99.8)	99.4 (99.8)
종업원 수	68.9	68.9	69.3	73.0 (81.9)	75.8 (85.6)	76.9 (86.7)	76.9 (87.0)
생산액 부가가치	47.8 50.3	46.5 46.3	46.3 46.5	47.5 48.3	49.2 51.9	50.9 51.9	50.6 52.8

자료: 통계청, "광공업통계조사보고서" 및 "사업체기초통계조사보고서", 각 연도.
주: 종업원 5~299인 기준이며, ( ) 안의 수치는 전산업 기준임.

용감소를 나타냈다. 중소기업 부문 내에서는 소기업의 고용 기여도가 매우 큰 것으로 나타났다. 소기업은 동 기간 중 전산업 기준으로는 163만 명, 제조업에서는 41만 명의 고용증가를 나타냈다.

한편, 경제 양극화 현상이 확대·심화되면서 중소기업 부문은 대기업과의 격차구조가 확대되는 양상을 보였다. 대기업 대비 임금수준, 1인당 부가가치비율 등이 지속적인 하락 추이를 나타냈으며, 수익성 측면에서도 대기업과의 격차가 확대되었다.

대기업과의 격차는 어느 정도 불가피한 현상이라고 할 수 있으나 격차가 계속 확대되는 것은 적지 않은 구조적 문제들을 내포한다. 대기업과의 격차 확대는 효율성 측면 이외에 하도급생산체제를 근간으로 한 대기업(모기업)의 중소기업(하청기업)에 대한 적하효과(*trickle down effect*)가 약화되었음을 반영한 것이기도 하다. 이는 대기업과의 강고한 수직적 분업관계 속에서 생존과 성장을 추구했던 중소기업 부문의 성장경로 및 구조에 대한 재점검 필요성을 제기한다. 외환위기 이후 광범위하게 진행된 우리 경제의 구조조정은 조립대기업의 단기이익 극대화 전략을 초래하였으며, 이는 계층적 도급구조를 통해 '지속적 단가인하'와 '임률고정' 방식으로 중소 납품기업에게 최종적으로 부담이 전가됨으로써 부문간·기업규모간 격차의 확대요인으로 작용하였다. 따라서 대·중소기업간 임금과 생산성 격차 문제는 하도급분업관계와 밀접

〈표 4-2〉 대기업 대비 중소기업의 임금수준 및 1인당 부가가치 비율 추이

(단위: %)

연 도	1993	1995	1997	1999	2000	2001	2002
임금비율	73.5	70.6	69.7	64.5	65.0	65.9	62.2
1인당 부가가치 비율	45.7	38.9	38.4	34.7	35.4	34.1	32.2

자료: 노동부, "노동통계조사보고서", 통계청, "광공업통계조사보고" 각 연도.
주: 상대비율=중소기업/대기업×100

〈표 4-3〉 중소기업과 대기업의 매출액 영업이익률 추이

(단위: %)

	2000	2001	2002	2003	2004
대기업	8.2	6.0	7.5	8.2	9.4
중소기업	5.8	4.5	5.3	4.6	4.1

자료: 한국은행, "기업경영분석", 각 연도.

한 관련이 있는 산업이나 부문의 경우 대기업 노사관계, 노동시장의 고용구조 변화 등 기업간 거래관계의 수준을 벗어난 요소들이 복합적으로 작용한 결과라는 점에 유의할 필요가 있다.[1)]

우리 경제는 외환위기를 계기로 대기업 부문의 취약성이 노출되고, 대기업 및 특정산업 의존적 성장체제로는 지속적 경제발전에 분명한 한계가 있다는 교훈을 얻었다. 이는 중소기업 부문의 새로운 역할이 부각될 수 있는 여지를 제공한다. 그러나 사실상 대기업 의존적 성장구조를 지닌 중소기업 부문의 현실을 감안하면 현재 상태로는 우리 경제의 대안적 성장동력으로서의 역할을 기대하기 어렵다. 그동안 대기업 중심의 경제성장 전략을 추구하는 과정에서 중소기업 부문의 자생적 성장기반의 중요성이 간과된 것이 사실이다. 중소기업은 주로 대기업 부문의 수직적 분업 파트너로서 대기업의 성장경로와 결과에 종속

1) 이와 관련하여 최근 자동차산업의 도급구조를 통한 대·중소기업 간 격차의 원인에 대한 연구가 시사하는 바가 적지 않은데, 자세한 내용은 조성재 외, 〈자동차산업의 도급구조와 고용관계의 계층성〉, 한국노동연구원, 2004, 참조.

적 변수로 자리매김되었으며, 중소기업정책은 이로 인해 발생한 사회경제적 문제(중소기업 문제)에 정책자원이 사후적·부분적으로 배분되는 형태였다.

한편, 지식기반경제의 도래라는 세계경제의 새로운 질적 전환 속에서 혁신단위로서의 중소기업의 역할이 새롭게 부각되고 있다. 21세기는 정보 및 지식의 창출, 분배, 활용이 경제활동의 핵심이 될 뿐만 아니라 정보와 지식이 부를 창출하는 핵심자원이 되는 지식기반경제로 이행할 것으로 전망된다. 정보통신기술을 중심으로 한 기술발전과 경제활동의 범세계화의 확산은 전통적 생산요소의 중요성을 약화시킬 뿐만 아니라 정보 및 지식이 산업의 경쟁우위를 결정하는 핵심 생산요소로 작용한다. 지식기반경제에서는 자본 등 경성자원의 제약을 극복할 수 있는 정보, 지식, 학습 등 연성자원의 중요성이 증대함에 따라 중소기업에 이전보다 더 큰 역할을 기대할 수 있다.

1990년대부터 미국에서 나타난 신경제 현상의 저변에는 혁신형 중소기업(NTBFs)의 역할이 중요한 촉매 기능을 수행하였다.

최근 세계경제는 정보혁명과 기술혁신 가속화를 배경으로 한 산업구조의 '지식·기술집약적, 노동절약적' 변화와 글로벌 경쟁의 격화에 대응하기 위해 극도의 효율성을 추구하는 기업의 경영전략이 맞물려 '고용 없는 성장'이라는 새로운 현상에 직면했다. '고용 없는 성장'은 성장을 통한 고용창출이라는 종래의 선순환 메커니즘이 작동하지 않고, 성장은 있으나 이를 통해 고용창출이 기대만큼 수반되지 않는 것을 말하며, 결국 성장과 분배의 연결고리가 약화되어 성장의 지속 가능성이 불확실해질 개연성을 내포한다. 이에 따라 선진국들은 경제성장과 고용창출의 선순환구조 확보를 최우선 정책과제로 인식한다. 선진국들은 이 문제를 해결할 핵심적 고용창출원으로서 중소기업의 역할에 주목하며, 특히 고도성장을 통해 고용 파급효과가 큰 혁신형 중소기업의 확대재생산체제 구축에 정책적 노력과 관심을 집중하고 있다.

이와 관련하여 우리 경제는 '성장동력 약화'와 '고용 없는 성장'에 대한 우려라는 이중고에 직면했다.

10년 가까운 기간 동안 '1만 달러 함정'에서 벗어나지 못하고 5년

후, 10년 후 우리 경제의 성장동력에 대한 전망도 불투명한 상황에 놓였다. 산업경쟁력은 선진국과 후발개도국의 좁은 틈새에 위치한 가운데 부품·소재산업의 취약성이 주요 전략산업의 고부가가치화에 구조적 제약요소로 작용한다. 부품·소재는 생산원가의 60% 이상을 차지하여 완제품 경쟁력의 핵심 결정요소이다. 우리는 기술도입 및 단순생산기술 확보를 통한 완성품 공급에 치중함으로써 핵심 원천기술이 부족하여 핵심부품·소재를 수입에 의존하는 실정이며, 부품·소재산업에서 50인 미만의 기업군이 압도적 비중을 차지하는 영세성을 벗어나지 못하고 있다. 부품·소재산업의 발전은 관련 중소기업의 구조 고도화 과제와 밀접한 관련을 갖는다.

또한 글로벌 경쟁체제에 깊숙이 편입된 우리 산업구조는 국내 분업연관의 약화, 노동절약적 기업경영 등으로 주요 산업에서 성장의 고용유발효과가 약화되어 '고용 없는 성장'에 대한 우려가 증대하고 있다. 취업유발효과와 관련된 산업 분업연관은 자동차와 조선은 높은 반면, 반도체, 컴퓨터, 통신 및 방송기기 등 신성장산업에서는 저조하다.[2] 이러한 상황에서 중소기업 부문은 대기업의 순고용 감소추세를 크게 상회하는 고용증대를 통해 고용창출을 주도했으나, 중소기업의 대부분을 차지하는 자영업자 비중이 다른 국가들에 비해 과다할 뿐 아니라 일자리의 안정성 문제가 제기되는 실정이다.

향후 세계적인 입지 경쟁에 의해 대기업의 국내 입지가 항구적일 것으로 기대하기 어려우며 입지 이전의 가능성이 상존한다고 보아야 한다. 이 경우 외국인 투자와 중소기업이 국내 고용 흡수에 있어 절대적 역할을 부여받을 수 있다. 즉 경쟁질서 및 산업구조의 변화로 인해 대기업 부문의 고용 기여도를 크게 기대하기 어려울 가능성이 높다는 점에서 중소기업의 지속적인 고용창출 기능이 요구된다.

따라서 '고용 없는 성장' 해결과 성장동력 약화의 극복에 있어 중소기업의 역할은 관건적 요소가 될 것으로 예상된다. 신성장동력의 발굴

---

2) 이에 관한 자세한 내용은 최영섭, "산업경쟁력과 일자리 창출-정합적 정책 방향의 모색-", 〈일자리 창출과 청년실업 해소방안〉, 경제사회연구회, 2004.6. 참조.

과 재구축을 위한 혁신형 중소기업과 신생기업의 역할이 강조되며, '고용 없는 성장' 문제의 완화를 위해 중소기업 부문의 지속적인 고용 창출이 필요하다.

이러한 상황에서 우리는 중소기업의 국민경제적 역할을 재음미하고 중소기업 부문이 처한 상황과 직면한 문제를 새로운 시각에서 접근할 필요가 있다. 이를 토대로 향후 우리 경제의 역동적 균형과 선진 한국을 향한 중소기업 부문의 실천적 과제를 고민해야 한다.

2. 중소기업 문제의 현상과 본질

1) 중소기업의 발전과 중소기업정책의 전개과정

중소기업이 국민경제에서 차지하는 중요성이나 역할은 경제발전단계나 경제시스템, 경제정책 목표와 기조 등에 따라 다를 수 있다. 우리나라의 경우도 산업화가 본격화된 1960년대 이후 40여 년간 중소기업의 위상은 경제정책 기조의 변화에 따라 부침을 거듭하면서 변했다.

1960년대에는 공업화를 통한 경제성장을 위하여 한정된 자원을 특정산업과 규모의 경제를 실현하는 데 집중함으로써 중소기업은 상대적으로 소외되었으며, 이와 같은 현상은 1970년대 중반까지도 지속되었다. 그 결과 1963년에 제조업 고용 및 부가가치에서 각각 66.4%와 52.8%를 차지했던 중소기업 비중이 1973년에는 39.4%와 27.2%로 급격히 위축되었다.

중소기업의 성장세가 호전되기 시작한 것은 중화학공업화의 추진이 본격화되기 시작한 1970년대 중반부터라 할 수 있다. 제1차 석유파동이 끝난 1976년을 기점으로 제4차 경제개발 5개년 계획이 시작된 1977년부터는 사업체 수, 고용, 생산 등 모든 면에서 중소기업의 비중이 증대되기 시작하였다. 제조업에서 중소기업이 차지하는 비중은 부가가치를 기준으로 할 때 1975년 31.7%에 불과하였으나 1985년에는 37.6%로 커졌고, 1995년에는 46.3%로 증대되었다. 또한 중소기업

〈그림 4-1〉 중소기업의 장기 위상변화 비교

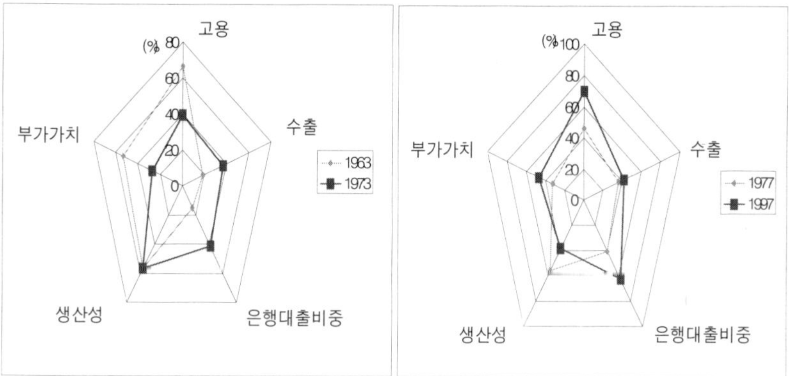

1970년대 중반 이전 1970년대 중반 이후

자료: 통계청, "광공업통계조사보고서", 각 연도.
주: 1) 중소기업 범위는 1970년대 중반 이전은 5~199인, 중반 이후는 5~299인임.
2) 고용, 부가가치, 생산성은 제조업 기준, 기타는 전산업 기준임.

의 고용비중도 1975년의 45.7%에서 1985년에는 56.1%로 늘어난 데 이어 1995년에는 68.9%로 확대되었다.

1980년대 이후 중화학공업화 진전과 이를 통한 대기업-중소기업 간 하도급거래 확대에 힘입어 중소기업은 양적 성장과 더불어 구조고도화 측면에서도 많은 발전을 이룩하였다. 이에 따라 제조 중소기업의 생산에서 중화학부문이 차지하는 비중은 1970년의 47.2% 수준에서 1980년에 57.8%로, 그리고 1998년에는 60.1%로 확대되었다.

그러나 앞서 살펴본 바와 같이 1990년대 중반부터 대기업 부문과의 상대적 격차가 확대되는 양상이 전개되고 있으며, 이는 중소기업 부문의 성장구조와 내용에 대한 새로운 접근 필요성을 제기한다.

우리나라에서 중소기업정책이 법률적 체계를 갖추고 추진되기 시작한 것은 1960년대 들어서부터라고 볼 수 있다. 1961년 8월에는 중소기업은행 설립되었고 그해 말에는 '중소기업협동조합법' 및 '중소기업사업조정법'이 제정되었으며, 1966년에는 '중소기업기본법'이 제정되어 중소기업 지원을 위한 틀이 갖추어졌다. 그러나 이 시기에는 대기업 위주의 수출산업 선별육성이 산업정책의 기조를 이룸으로써 중소기업은 정책대상에서 상대적으로 소외되었다. '중소기업기본법시행령'이 1983년에 가서야 제정된 것도 이와 같은 정책기조와 무관하지 않다.

현대적 의미의 중소기업정책이 본격적으로 추진되기 시작한 것은 1970년대 중반부터라 할 수 있다. 중화학공업화정책이 추진되기 시작하면서 부품·소재 생산부문으로서의 중소기업 육성 필요성이 강하게 제기된 것이 중요한 계기로 작용하였는데, 1975년에는 기계류·부품 국산화시책이 전개되기 시작하였고, '중소기업계열화촉진법'도 제정되었다. 1978년에는 '중소기업진흥법'이 제정되었으며, 이를 근거로 1979년에는 중소기업진흥공단이 설립되었다. 또한 신용보증기금 설립(1976), 시설근대화 투자 원활화를 위한 중소기업 범위 확대(1976) 등 관련법령 제정과 제도 정비가 이루어졌다.

1980년대는 우리나라에서 '보호·육성'위주의 중소기업정책들이 가장 강력하게 추진된 시기로 분류할 수 있을 것이다. 중소기업진흥기금에 의한 시설근대화자금이 당시로써는 막대한 규모로 지원되기 시작하였고, 1981년에 '중소기업진흥장기계획'(1982~1991)이 수립된 것을 계기로 다양한 중소기업 보호·육성시책들이 전개되었다. 중소기업의 경영안정과 사업영역 보호를 위한 대표적 시책들로는 '중소기업제품구매촉진법' 제정(1982), 중소기업고유업종제도의 본격적 실시(1982), 유망중소기업제도(1983), '하도급거래공정화에관한법률' 제정(1984), 중소기업의 상업어음 할인 원활화를 위한 한국은행재할인제도 도입(1984), 중소기업우선육성업종제도(1985) 등을 들 수 있다.

1980년대 후반 들어서는 '공업발전법' 제정(1986)을 계기로 산업지원방식이 기능별 지원 위주로 전환되면서 중소기업지원시책도 기술개발 등 기능별 지원 중심으로 전환되었다. 기계류, 부품·소재 국산화 지원제도가 재정비·확충(1986. 3)되고, '중소기업창업지원법'이 제정(1986. 5)된 것도 이같은 정책기조의 변화와 맥을 같이한 것이라 볼 수 있다. 1989년에는 1980년대 말의 임금급등으로 인한 중소기업의 경영악화 완화와 구조조정 촉진을 위해 '중소기업의경영안정및구조조정촉진에관한특별조치법'이 제정되었다.

1990년대에 들어와서는 WTO체제가 출범한 것과 관련하여 중소기업지원체계 전반에 걸친 재검토가 이루어졌으며, 경제 전반의 자율화와 개방화에 따른 산업경쟁력 강화라는 경제정책기조에 부응하여 중소기업 정책이념도 '자율과 경쟁'을 중시하는 방향으로 전환되고, 지원방식에 있어서도 기술개발 등 기능별 지원이 대폭 강화되었다. 산학연기술개발컨소시엄사업(1983) 등 기술개발관련시책이 강화된 한편 중소기업의 경쟁력 제고를 위해 자동화투자가 중심이 된 중소기업구조개선사업(1993년부터 시행)이 주된 시책으로 추진되었다. 이와 더불어 경쟁제한적 제도의 축소·정비도 이루어지기 시작하였는데, 고유업종제도 및 단체수의계약제도의 축소·운영, 한국은행재할인제도의 총액대출한도제로의 전환 등이 이에 해당된다.

1990년대 중소기업정책의 또 다른 특징은 다원화된 중소기업의 특성을 반영하여 섹터별 시책이 강화된 점이다. 지방자치제도 실시를 계기로 '지역균형개발및지방중소기업육성에관한법률'이 제정(1994. 1)되어 지방중소기업에 대한 정책지원이 강화되었고, 1997년에는 '소기업지원특별법', 1999년에는 '여성기업지원특별법'이 각각 제정되었다.

1990년대 중소기업정책의 가장 특징적인 점은 무엇보다도 벤처기업 육성시책과 더불어 중소기업정책이 경제정책의 한 주류로서 전개되기 시작한 것과 중소기업 지원행정기능의 강화라 할 것이다. 벤처기업 육성을 위한 제도적 정비는 1996년의 코스닥시장 개설, 1997년의 '벤처기업육성에관한특별조치법' 제정 등 외환위기 이전에 이루어졌으나 주요 정책목표로 본격적으로 실시된 것은 '국민의 정부'가 출범하면서부터이다. 중소기업의 중요성이 강조되면서 중소기업 지원행정조직도 강화되었다. 1996년 2월에 중소기업청이 발족된 데 이어 1998년 4월에는 중소기업 정책개발기능의 강화와 관련부처 중소기업육성시책의 협의·조정 및 평가를 통한 중소기업정책의 효율적 추진을 위해 중소기업특별위원회가 대통령 직속기구로 설립되었다.

참여정부는 중소기업정책의 전면적인 개혁이 필요하다는 문제의식을 기반으로 하는 것으로 보인다. 이에 따라 장기주의적이고 구조적인 접근을 강조한다. 중소기업정책의 핵심적인 특징을 요약하자면, 우선 중소기업의 근본적인 체질개선과 혁신주도형 경제로의 이행에서 중소기업의 역할을 강조한다. 이는 혁신역량 강화, 자생적 성장기반 확충이라는 정책목표로 이어진다. 또한 중소기업 부문을 경제 양극화에 대한 정책대응인 동반성장전략의 핵심 정책대상으로 간주하는 것으로 보인다. 이는 중소기업의 구조 고도화 및 구조조정, 취약계층에 대한 정책적 배려 등으로 연결된다고 볼 수 있다. 한편 중소기업정책에서 산업정책과의 연계성이 강화되는 경향을 보이는데, 이 부분은 부품소재산업 육성과 대·중소기업간 상생협력 등과 연관된다. 이에 따라 중소기업정책의 영역과 주체가 확대되는 현상이 나타났다.

이처럼 중소기업정책의 목표와 영역은 변화되어 왔는데 큰 흐름을 살펴보면, 중소기업을 경제적 약자로서의 정책적 배려 대상으로 인식하던 것으로부터 점차 시장의 경쟁주체로 인식하려는 경향이 증대했으며, 이에 따라 1980년대 이후 '자율과 경쟁'을 강조하는 정책기조가 전반적으로 유지된 것으로 평가할 수 있다.

2) 중소기업 문제에 대한 균형적 이해

(1) 중소기업 문제의 현상적 측면

최근 중소기업 부문의 경쟁력 위기에 대한 우려가 지속적으로 제기되었다. 현상적으로는 기술력 부족, 인력난 및 자금난의 만성화, 부실 중소기업의 증가, 판매난 부각 등이 중소기업 문제의 주된 내용이다.

기술력 및 기술혁신활동 측면에서 기술경쟁력은 선진국과 중국 등 후발국 사이의 좁은 틈새에 위치하며, 기술개발활동도 미흡한 실정이다. 전국경제인연합회 조사(2003년)에 따르면 선진국과의 격차는 3.73년, 중국과의 격차는 2.78년으로 선진국과의 격차는 엄연한 가운데 후발국과의 격차는 가속적으로 좁혀졌다. 중소기업협동조합중앙회 조사(2003년)에서는 현재 중소기업이 보유한 제품기술을 다른 기업이 모방하는 데 소요되는 기간이 1년 미만인 경우가 46.0%, 2년 이상은 13.5%에 불과하다. 또한 세계 최초 개발 8.8%, 일부 선진국 개발

〈표 4-4〉 중소기업의 유형별 분류

구분	혁신형 중소기업	일반 중소기업	소상공인
개수	1만 개	32만 개	262만 개
내역	제조업 7천 개, 비제조업 3천 개	제조업 10~299인 5.5만 개, 비제조업 5~199인 26.5만 개	제조업 10인 미만 27.3만 개 비제조업 5인 미만 234.3만 개

자료: 중소기업특별위원회 대통령보고자료, "중소기업 정책과제와 대책"(2005. 1)의 내용을 재구성.

30.4%, 선진국 보편화·국내 최초 17.5%, 국내 및 신흥공업국 보편화 43.3% 등으로 중소기업 보유기술 내용은 선진국 및 신흥공업국에 보편화된 기술 중심이다. 기술개발동기는 제품·성능 개선(28.2%), 생산비 절감(14.7%), 새로운 분야 진출(9.8%), 수요의 고급화·다양화 대응(11.7%) 등으로 나타나 시장선점형(*front-runner*)보다 선진국추격형(*catch-up*) 기술개발 위주인 것으로 파악된다.

인력 측면에서 중소기업은 만성적 인력난 속에서 숙련 형성도 미흡한 것으로 나타났다. 중소제조업의 인력부족률은 높은 수준을 유지하고 있으며, 전문인력의 유입이 특히 저조한 실정이다. 이와 함께 중소기업의 교육훈련비는 대기업의 5분의 1에 미치지 못하고, 교육훈련인원 비중은 30인 미만 사업장의 경우 6.3%로 300인 이상 대기업의 10분의 1에 불과하다. OECD 국가의 10~49인 기업의 훈련비율은 평균 23%인 데 비해 우리나라의 경우 3.6% 수준으로 저숙련 문제의 원인으로 작용한다. 잦은 노동이동과 짧은 근속도 숙련 형성을 저해하는 요인으로 작용하는데, 2001년 10~29인 업체의 근속연수는 3.69년으로 500인 이상 사업체(9.02년)의 40.9% 수준이다.

자금 측면에서 중소기업은 만성적 자금난에 시달리고 있으며, 은행들은 중소기업 금융에 소극적이며 외국지분이 높은 은행들은 가계금융 선호 경향을 보인다. 여기에 지속적인 경기 침체까지 겹쳐 중소기업의 대출 연체율은 2004년부터 불안정한 추이를 보이고 있다.

2004년 5월 재경부의 중소기업 실태조사에 따르면, 경영상태 악화 요인으로 매출감소(64.3%)가 납품단가(28.1%), 자금난(18.0%), 인력난(5.2%)에 비해 압도적 비중을 보여 판매난까지 가중된 것으로 나타났다.

이와 같은 중소기업 문제의 현상적 측면에는 저생산성과 저수익성, 과당경쟁 등의 요인들이 복합적으로 작용하는 것으로 평가되며, 이는 한계기업의 증가, 혁신에 대한 동기부여 제약 등으로 이어져 중소기업 전반의 성장성 둔화 및 경영 불안정의 주기적 반복을 초래하는 것으로 파악된다.

(2) 중소기업 문제의 본질적 측면

앞서 살펴본 중소기업 문제의 개별 사안들은 분명 우리 중소기업들이 현실에서 직면하는 내용임에 틀림없다. 또한 이 문제들의 대부분이 비교적 오랜 기간 동안 지적된 것도 사실이다. 그렇다면 왜 이 문제들이 개선되거나 해소되지 못하고 반복적으로 지속되는 것일까? 아마도 문제에 대한 처방이 효과적이지 않았던 것에 기인하는 바가 클 것이다. 처방의 오류는 결국 진단의 오류에서 비롯된다고 할 수 있다. 이로부터 중소기업 문제의 현상적 측면을 규정하는 문제의 본질에 대한 검토가 필요하게 된다.

먼저 기존 성장원천의 유효성이 약화·상실되었다는 사실을 명확히 인식하고 수용해야 한다. 기존의 성장원천은 저임 노동력에 기반한 가격 경쟁력, 내수와 하도급에 의존한 판로, 모방학습을 통해 획득이 용이한 개량·개선기술 등으로 집약될 수 있다. 현실은 지속적인 임금상승으로 저임 노동력 확보가 어렵고, 저임 상품시장은 후발개도국이 급속하게 잠식해가고 있다. 글로벌 아웃소싱의 확대, 납품단가의 지속적 인하 등은 판로의 불안정성 증대 및 채산성 악화를 구조화시키고 있으며, 후발개도국과의 기술격차는 급격히 축소되고 이미 많은 분야에서 경쟁 국면에 진입했다. 반면 우리는 새로운 성장원천에 대한 준비가 미흡했다. 새로운 성장원천으로 무장한 혁신형 중소기업의 저변이 부족하다. 3백만 개 중소기업 중 혁신형 기업은 1만 여 개에 불과한 것으로 추정되는데, OECD 선진국의 경우 혁신형 중소기업군이 중소기업의 10% 수준인 것과 비교된다. 기존 성장원천에 대한 미련과 집착은 기존 시장의 경쟁 압력 증대 및 새로운 시장에 대한 진입 지연으로 이어져 중소기업들이 직면한 구조적 문제의 해결을 저해한다.

이와 함께 정부와 업계 모두 발전단계의 변화에 대한 인식과 이해가 부족하다는 점도 지적하지 않을 수 없다. 현재 우리 중소기업은 고도성장기의 양적 확장단계로부터 안정성장기의 질적 발전단계로의 전환기에 놓여 있다. 반면 중소기업의 경영행태와 중소기업 지원정책은 여전히 양적 확장기의 내용과 수준을 탈피하지 못한 부분이 적지 않다. 기업은 질적 성장자원의 축적이 미흡하고 양적 자원의 투입효과는 부진하며, 정책은 자금공급, 기능인력 공급 등 물적 자원 조달에 대한 물량적, 분절적 지원 위주로 연성자원의 지원 및 연계지원이 미흡하다.

중소기업 문제가 일시적이지 않고 지속되는 배경에는 보다 구조적 요인들이 있다. 대표적으로 중소기업을 위한 자원배분 시장의 미발달과 거래관계의 왜곡을 들 수 있다.

중소기업은 대기업에 비해 자본, 인력, 기술, 정보, 경영 효율성 등에서 구조적 열위에 있음에 따라 경쟁력 구성요소들을 기업 외부로부터 다양한 형태로 조달·보완할 필요가 있다. 이 모든 것을 정부의 정책개입으로 해결할 수는 없다. 특히 금융의 경우 정보 비대칭성 문제가 중소기업 금융의 대표적 제약요인이라 할 수 있다. 우리는 정보의 비대칭성을 보완할 수 있는 신용정보 인프라가 미비하며, 위험도가 높은 혁신기업을 위한 금융시스템이 미약하다. 중소기업 금융의 바람직한 모습은 시장의 금융기구들이 중소기업 금융기능을 정상적이고 안정적으로 수행하는 것이다. 그러나 우리 금융시스템은 과거에는 대기업 중심이었으며, 금융 구조조정 이후에는 가계금융 선호경향이 뚜렷하다. 정책금융을 통해 시장금융을 부분적으로 보완할 수는 있으나 중소기업 금융을 근본적으로 개선시킬 수는 없다.

중소기업은 돈 문제 말고도 모든 경영자원이 부족하거나 수준이 높지 않기 때문에 이 부분을 보완할 수 있는 시장기능이 있어야 함에도 불구하고 중소기업의 경영자원 조달·보완을 지원하는 비즈니스서비스 시장이 제대로 형성되어 있지 못한 상황이다.

또한 실물부문에서 하도급거래구조를 통해 모기업인 대기업이 다양한 비용 부담요소들을 납품중소기업에게 전가하고 궁극적으로 중소기업이 창출한 부가가치의 일부를 모기업이 전취하는 구조적 문제는 중소기업 성장의 내용과 질을 크게 규정할 수밖에 없다는 점도 결코 간과할 수 없는 중소기업 문제의 본질적 측면이다. 이는 중소기업정책의 대상인 중소기업 문제가 우리 경제의 압축성장과정의 부산물적 성격이 적지 않으며, 산업조직상 대기업 문제와의 관련성 속에서 정책대응이 필요한 부분이 적지 않음을 의미한다.

(3) 중소기업 문제에 대한 균형적 이해

우리가 직면한 중소기업 문제는 중소기업에 고유한 전근대성만으로 이해해서는 안 된다. 우리 경제에서 중소기업의 역할은 자생적 측면보다는 국가 주도로 불균형성장의 조연으로 인위적·조직적으로 설계·부여된 측면이 많았다. 중소기업 문제의 올바른 진단을 위해서는 내부적 요인과 외부적 요인을 제대로 분해하여 그 성격에 걸맞는 원인과 파급경로를 짚어볼 필요가 있다.

또한 중소기업 문제에 대한 효과적 처방을 위해서는 문제의 현상적 측면에 유의하면서도 문제의 본질에 보다 적극적으로 다가서는 접근이 요구된다. 그동안 문제의 현상적 측면에 치중한 단기주의적·미봉적 처방이 중소기업 문제의 지속과 반복을 초래한 중요한 배경적 요인임을 지적하지 않을 수 없다. 중소기업 문제에 대한 소극적·우회적 대응은 문제를 해결하기보다는 문제를 보다 복잡하고 깊게 만들 가능성이 크다는 점을 유념해야 한다.

중소기업 문제에 대한 균형적 이해에 입각하여 사회적 합의에 근거한 새로운 중소기업정책 이념의 정립이 필요할 수 있으며, 5~10년 후를 준비하는 장기주의적 정책설계가 필요하다. 중소기업 문제는 우리 경제가 안고 있는 문제의 축소판이라 할 정도로 여러 부문의 정책과 조응성 내지 균형성 확보가 필요하며, 복잡하고 다양한 정책과제에 대한 적절한 우선순위를 바탕으로 단계적이고 순차적으로 풀어나가는 정책 접근이 요구된다. 또한 중소기업 지원을 위한 정부개입의 정도와 방식은 어느 정도가 적정한 것인가에 대한 고민과 함께 중소기업 문제의 해결을 위한 정부, 시장, 기업의 역할분담도 보다 정교하게 검토될 필요가 있다.

3. 역동적 균형과 선진한국을 향한 중소기업의 발전과제

우리 경제의 선진 재도약을 위해서는 기존의 요소투입형 성장에서 벗어나 혁신에 기반한 성장체제 및 지속가능한 발전모델 구축이 필요하다. 이와 관련하여 중소기업은 '일자리 창출'과 '성장동력 강화'를 통한 혁신주도형 경제로의 이행이라는 우리 경제의 국가적 어젠다를 성공시키기 위한 관건적 역할을 요구받고 있다. 또한 혁신주도형 경제에서는 R&D에 기초한 지식·기술의 창출 및 이의 원활한 상업화, 숙련화·전문화된 인적자본의 양성, 혁신적 기업가정신이 크게 강조되며, 그 기저에 혁신단위로서의 중소기업의 역할이 필수적이라 할 수 있다. 요컨대 중소기업의 혁신역량 강화와 부품·소재 중소기업의 전문화를 통해 안정적·지속적인 일자리 창출과 산업 분업연관 강화를 구현할 혁신형 중소기업의 창출 및 확대재생산이 긴요한 과제로 부각되고 있는 것이다.

한편, 우리 경제는 선진 도약의 길 속에서 역동적 균형을 통해 경제 전체의 통합적 발전을 도모해야 하는 과제도 해결해야 한다. 이를 위해 중소기업 부문은 진정한 의미의 '활력 있는 다수'(*vital majority*)로 거듭나야 한다. 우리 경제에서 중소기업 부문은 양적으로는 압도적 다수이지만, 질적으로는 주변적이고 부차적 위상에서 벗어나지 못하고 있다.

이러한 국민경제적 기대와 역할에 부응하기 위해 중소기업 부문은 성장의 방식과 내용에 있어 질적 변화가 요구된다. 역동적 균형과 선진한국이라는 이정표를 향한 중소기업의 발전과제는 '작지만 빠르고 강한 기업'과 '글로벌 플레이어로의 변신'으로 집약할 수 있다. 이는 중소기업 부문이 양질의 지속가능한 고용창출을 도모하기 위해서는 '고부가가치화'와 '시장의 양적 확대 및 질적 확충'이 중요한 전제이기 때문이다. 양적 성장에서 질적 성장으로의 전환, 경쟁영역과 정도의 확대·심화에 대응한 1등주의의 추구가 필요하다. 따라서 능동적 성장 주체로서의 역할, 무한경쟁 극복을 위한 글로벌 경영 지향, 모방적 추격형 성장에서 시장 선점형 성장으로의 전환, 세계 일류의 전문기업으로의 변신 등을 중요한 실천 과제로 제시할 수 있다. 중소기업의 미래 역할 모델은 소상공인 부문에도 부분적으로 적용될 수 있다. 소상공인의 구성은 매우 복잡다양하지만, 소상공인 참여시장이 안고 있는 문제 가운데 낮은 진입장벽으로 인한 과당경쟁, 모방·연명형 경영 등은 차별화·전문화의 해법을 통해 부분적으로 극복 가능하다. 이를 통해 소상공인 부문의 역할이 보다 건강하고, 지속 가능한 형태로 변화되어야 한다.

1) 동반성장의 능동적 주체로의 변모

앞서 살펴본 바와 같이 경제 양극화 현상이 확대·심화되면서 중소기업 부문은 대기업과의 격차구조가 확대되는 양상을 보인다. 양극화 현상의 중소기업에 대한 현실적 함의는 기업규모 차원의 대·중소기업 간 격차 확대, 산업연관에서의 모기업과 부품·소재공급기업 간 격차 확대 등 대기업 부문과의 상대적 격차 확대이다. 또한 양극화는 소상공인(제조업 10인 미만 규모 영세기업층, 사업서비스업을 제외한 서비스업 영위 5인 미만 규모층) 문제와 크게 연관된다. 이 부분은 경제정책의 외부 내지 경제정책과 사회정책의 경계선상에 걸친 문제이기도 하다.

격차구조 확대는 중소기업의 지불능력을 더욱 압박하여 중소기업의 인력유입 여건 악화를 초래하고 중소기업의 혁신 여지를 더욱 축소시킬 수 있다. 이와 함께 대기업과 중소기업 간 하도급생산분업 체제에서 모기업의 요구 수준과 납품기업의 부응도 간의 괴리가 커져 협력관계의 지속성에 심각한 문제를 초래할 수 있다.

중소제조업의 경우 양극화현상에 직면한 계층은 자동차, 전기·전자, (화학) 등 주력산업 내지 신성장산업의 부품소재 공급기업이다.

섬유·의복, 지제품·인쇄출판, 금속제품, 음식료품 등 중소기업형 업종이면서 중소기업층이 주로 저부가가치 부문에 분포된 업종군의 경우 양극화현상은 아니지만 사양화 추세 지속으로 구조불황의 가능성을 내포한다. 또한 서비스업 영위 소상공인(주로 1~4인 규모층)은 업종 내 양극화 또는 업종 자체의 한계업종적 특성 및 저부가가치성으로 인해 경쟁탈락 가능성이 큰 군집이다.

양극화 문제와 관련하여 현재 중소기업정책 기조는 전반적으로 양극화 해소를 크게 의식하는 것으로 보인다. 중소기업의 구조고도화 및 혁신역량 강화가 지향하는 목표는 산업조직 내 대기업 부문과의 격차 해소를 통해 상대적으로 대등한 경쟁주체로의 성장을 도모하는 것이라 할 수 있다. 외환위기 이후 중소기업정책 범주에 본격적으로 편입된 소상공인 지원시책도 경제 양극화의 불가피한 추세적 현상에 대한 사회정책적 대응의 산물이다.

그러나 양극화 현상 해소라는 관점에서 중소기업정책의 실효성은 대기업 부문과의 격차 확대, 소상공인의 경영부진 심화 등이 구조화되어 가는 현실에 비추어 미흡할 수밖에 없으며, 중소기업정책의 영향력은 현실적으로 적지 않은 한계를 가진다. 경제 양극화에 따른 중소기업 문제라 하더라도 경제정책 전반에 걸친 정책대응 때문에 중소기업정책만으로 해소될 수는 없으며, 우리 경제의 압축성장 속에서 전개된 산업구조의 급격한 변화에 대한 범정부적 대응이 미흡했던 결과로 보는 것이 적절하다. 다만, 중소기업정책 스스로 대기업 부문과의 격차 확대에 대한 정책적 문제제기 및 정책대응을 적극적으로 수행하지 못한 부분은 중소기업정책이 해결해 나가야 할 부분이라 할 수 있다. 또한 중소기업정책은 하도급 관행에 대한 정책대응에 소극적이었으며, 수급기업의 독립적 성장을 위한 정책도 미흡했다.

양극화 해소를 위한 적극적인 해법은 대기업 부문에 철저하게 의존하는 중소기업의 성장경로와 구조를 변화시키는 것이다. 이는 경쟁환경 및 산업발전 경로의 변화에 의해 뒷받침된다. 전면적인 시장경쟁의 전개와 국내 산업연관의 약화에 따라 시장에서 직접적 경쟁주체가 아닌 간접적(또는 숨겨진) 경쟁주체, 조립대기업의 부분품 공급자로서의 부속적 역할로는 성장의 지속성 및 성장과실의 온전한 확보가 용이하지 않게 되었다. 내수시장 중심의 중소기업관도 수정될 필요가 있다. 따라서 중소기업은 과거와 달리 독립적인 성장주체로서 다시 자리매김할 필요가 있다.

2) 무한경쟁 극복을 위한 글로벌 경영 지향

최근 세계경제는 구조적 전환기를 맞이하고 있다. 국경간 경계가 엄연한 가운데 국가간 실물상품의 교역을 중심으로 이루어졌던 경제활동이 자본, 노동, 기술, 서비스의 국제이동이 자유롭게 이루어지면서 국경간 경계는 무의미해지고 경제의 국가간 통합화가 진전되는 양상을 보인다.

이러한 경제의 범세계화는 모든 경제주체의 행태를 근본적으로 변화시키는 새로운 패러다임으로 등장했다. 정부는 과거 뚜렷한 국경간 경계 하에서는 자국기업과 외국기업을 구별하여 자국기업에 대한 일방적 보호와 지원기능을 중심으로 기업의 경제활동에 대해 차별적, 적극적으로 개입할 수 있었으나, 이제 새로운 국제규범 하에서 모든 생산요소의 국경간 자유로운 이동을 보장하고 자국기업과 외국기업 모두에 무차별적 경쟁환경을 조성해야 하는 소극적 환경 조성자로의 역할변화가 불가피하다.

기업은 이전에는 일종의 진입장벽으로서 자유로운 경쟁을 제약했던 국경간 경계가 사라짐으로써 경영의 공간적 영역이 확대된 반면, 자국 내에서 외국기업과의 무차별적 경쟁에 직면하게 됨으로써 자국시장에서의 보호를 더 이상 기대할 수 없게 된다.

요컨대 경제의 범세계화는 세계경제에서 경쟁력 지상주의가 새로운 질서의 핵심적 내용을 이루게 될 것임을 예고하며, 이에 따라 기업간 경쟁과 협력에서의 질적변화가 불가피할 것으로 전망된다. 변화의 핵심적 내용은 경쟁 및 협력의 대상과 영역이 확대됨과 아울러 기업간 협력에 있어 통제 위주의 결합적 관계보다는 보다 확실한 경쟁우위를 지향하는 제휴 중심의 파트너십을 중시하는 형태가 될 것이다.

〈표 4-5〉 중소제조업의 판매형태·판매처별 판매액 비중

(단위: %)

	판매형태		판매처	
	주문판매	일반소비자 판매	수출	내수
중소제조업 전체	84.3	15.7	16.8	83.2
소기업	81.8	18.2	10.2	89.8
중기업	87.8	12.2	25.7	74.3

자료: 중소기업청·중소기업협동조합중앙회, "2004년 기준 중소기업실태조사보고", 2005.

우리 중소기업의 판로는 주로 내수와 하도급 판매에 의존하고 있다. 2004년 기준으로 판매액 중 내수비중이 83.2%에 달하며, 중소제조업의 수급기업체 비중은 61.2%, 거래모기업 의존도(납품액/매출액)는 79.9%이다.

외환위기 이후 진행된 대기업의 사업구조 재편, 외국인투자의 증대 등은 기존의 하도급 판매구조에 적지 않은 변화를 초래하며, 시장개방의 가속화는 내수 중소기업의 판로환경을 악화시키고 있다. 대기업 중심의 경제구조 속에서 중소기업의 판로는 제한적이며 주변화되어 있다. 따라서 수급중소기업은 하도급판매에 대한 의존도를 낮추고 독자적 판로 모색을 위한 노력이 절실하며, 내수 중소기업의 경우 수출 판로 개척에 적극 나서는 등 판로 다변화를 도모하는 글로벌 경영을 적극적으로 추구해나가야 한다.

3) 추격형 성장에서 시장 선점형 성장으로의 전환

우리 중소기업은 그동안 선진국과 대기업의 상품, 기술에 대한 모방·학습을 통한 성장에 의존했다고 해도 과언이 아니다. 이는 우리 경제가 추구해온 발전전략과 이에 따른 중소기업의 분업구조상 위치에 의해 규정된 측면이 많았으며, 중소기업의 양적 저변확대가 필요했던

시점에서는 유용한 방식이었다고 할 수 있다.

그러나 우리 경제는 선진국과 후발 개도국 사이의 좁은 틈새에 놓여 있다. 이러한 상황 변화로 인해 선진국에 대한 추격속도를 높이고 후발 개도국의 추월을 막을 수 있는 성장전략이 필요하다. 이를 위해서는 기존의 방식보다는 더 공격적이고 능동적인 성장전략을 추구해나가지 않을 수 없다. 그리고 이러한 과제는 대기업에게만 해당되는 것이 아니며 중소기업도 예외가 되기 어려울 것으로 예상된다. 현실적으로 중국을 비롯한 개도국 선두국가들은 이미 우리 중소기업과 대등한 경쟁대열에 진입한 것으로 보인다.

따라서 중소기업은 모방적 추격형 성장(*Catch-up Growth*)에서 탈피하여 시장 선점형 성장(*Front-Runner Growth*)을 적극 모색해야만 한다. 이와 관련하여 중소기업의 혁신성이 크게 강조되어야 하며, 혁신활동의 수준이 고도화되어야 한다. 기술개발의 위험이 적은 개량·개선형 기술개발은 시장성과도 상대적으로 적으며 생명력도 짧다고 볼 수 있다. 이제 이런 유형의 기술혁신 활동으로는 선진국 추격도 용이하지 않겠지만 후발국의 추월 가능성이 매우 높다고 보아야 한다. 결국 새로운 시장을 선점할 수 있는 고부가가치 원천기술을 겨냥한 기술혁신 활동을 수행하는 혁신형 중소기업의 저변이 크게 확충될 필요가 있는 것이다.

4) 전문기업화

우리 중소기업은 저수익성과 저부가가치성을 탈피해야 하는 과제를 안고 있다. 이 문제는 과당경쟁구조에도 기인하는 바 큰 것으로 보이는데, 우리나라 중소기업의 경쟁시장은 대부분 협소한 시장에 다수의 중소기업이 과도하게 밀집분포된 형태이거나 대기업(모기업)에 의한 수요독점적 경쟁구조를 갖는 하도급거래시장이다. 소상공인 및 소기업의 비중이 과다하며, 중소기업에서 대기업으로 발전과정에 있는 중견기업의 저변이 부족한 것도 중소기업 시장이 유효경쟁 상태에 미치지 못하는 현실을 반영한 측면이라 할 수 있다.[3]

과당경쟁은 기업의 성장성을 원천적으로 제한함으로써 자생적 경쟁력 강화에 긴요한 기술개발 노력과 생산성 향상 노력을 저해할 소지가 있다. 과당경쟁은 오히려 기업들로 하여금 단기적 생존전략에 얽매이게 함으로써 중장기적인 비교우위 차별화 노력을 저해할 수 있으며, 이로 인해 시장으로부터의 기술개발 압력이 약화될 수 있다. 이는 우리 중소기업의 혁신역량이 미흡한 현실이 기술개발 투자 여력의 부족뿐만 아니라 단기적 비용우위를 중시할 수밖에 없는 시장경쟁구조에도 기인함을 시사하는 것으로 볼 수 있다.

우리 중소기업 시장이 유효경쟁상태로 나아가는 데 필수적인 경쟁단위가 바로 전문기업이다. 전문기업은 차별적 비교우위를 갖고 참여시장의 경쟁성과 성장성을 담보해낼 수 있다. 전문기업은 글로벌 아웃소싱의 확산과 하도급분업체제의 질적 변화에 효과적으로 대응하기 위해서도 필요하다. 전문기업은 대규모기업집단 소속 기업이 아닌 독립기업이면서도 경쟁력을 갖출 수 있다는 점에서도 중요한 의미를 갖는다. 인텔은 인텔 인사이드 칩(*Intel-inside chip*) 하나로 컴퓨터 발전의 역사를 선도하였으며, 자동차 부품 전문업체인 보쉬가 표준화된 모듈부품으로 완성차의 설계까지 좌우하는 현실은 전문기업의 가치와 위력을 잘 보여주고 있다. 따라서 경쟁환경의 변화에 맞서 중소기업이 생존하고 성장해나가기 위해서는 보다 많은 전문기업들이 우리 경제의 핵심 저변을 형성해야 한다.

4. 새로운 사회적 합의를 위한 중소기업정책의 주요 의제

현재 우리 경제가 안고 있는 중소기업 문제는 결코 간단치 않으며, 중소기업 부문의 적극적이고 능동적인 역할 없이 한국경제의 밝은 미래를 장담키 어렵다. 그동안 우리사회는 중소기업 발전을 위해 적지

---

3) 우리나라 소상공인의 비중은 선진국에 비해 높은 것으로 추정되는데, 2001년 기준으로 전산업 고용의 42.2%를 차지하여 일본의 소기업 비중 28.3%를 크게 상회한다. 일본 소기업의 범위가 우리나라의 소상공인 기준보다 더 넓다는 점을 감안하면 그 차이는 더 크다고 할 수 있다.

않은 노력을 경주했으며, 후발국으로서 성공적인 산업화 과정을 이룩하는 데 중소기업 부문은 맡은 바 역할을 훌륭히 수행했다.

그러나 현재와 미래의 우리사회를 둘러싼 여건이 급격한 변화 속에 놓여 있고, 이에 따라 중소기업 부문의 역할과 정책내용도 변화해야 한다.

종종 중소기업 부문은 농업부문과 비교되기도 하고, 정책성과에 대한 부정적 문제제기가 적지 않다. 중소기업 정책에 대한 이러한 이해는 부분적 진실만을 반영할 뿐이다. 중소기업이 농업부문과 유사한 것은 산업화가 농업의 희생 위에 이루어진 측면이 많은 것과 마찬가지로 중소기업 부문의 부분적 희생과 완충기능에 의해 오늘날 대규모 기업집단의 성장이 가능했던 측면을 간과할 수 없다는 점일 것이다. 다만 농업부문의 희생적 기여와 달리 중소기업 부문은 산업화 과정에서 생산적 기여를 통한 외형적 성장도 이루어냈다는 점은 오히려 대조적 모습이라 할 수 있다. 또한 정책효과가 미흡하다는 점은 적지 않은 전제적·추가적 논의가 필요하다. 중소기업 문제의 본질적 측면에 대한 정책적 고민과 노력이 얼마나 있었는가라는 점과 대기업에 대한 자원 배분과의 상대성 문제에 대한 검토가 전제될 필요가 있다. 과거 대기업에 대한 특혜적이고 편중적인 자원배분을 감안하지 않고 중소기업정책의 효과성을 평가하는 것은 적절치 않다. 정치적으로 선순위이지만 경제정책 내용 측면에서는 후순위였던 중소기업정책의 한계도 고려되어야 한다. 이러한 문제제기는 중소기업 부문의 내재적 문제와 중소기업정책의 오류를 부정하기 위한 것이 아니라는 점을 분명히 해둘 필요가 있다. 이는 중소기업관 내지 중소기업정책관에 대한 균형적 인식의 필요성을 지적하고자 하는 것이다.

이제 우리는 중소기업과 중소기업정책에 대한 균형적 이해를 바탕으로 미래를 향한 새로운 중소기업상을 제대로 구현하기 위한 정책적 당위성과 필요성, 정책의 정도와 방식에 대한 새로운 사회적 합의를 도출해야 할 시점에 서 있다.

1) 정책 목표 및 방향성의 재정립: 양적 목표에서 질적 목표 중심으로

지금까지 중소기업정책에서는 양적 목표가 크게 강조된 측면이 많았으며, 생산이든 고용이든 중소기업 부문의 양적 성장 추이가 관심의 대상이었다고 할 수 있다. 대기업 부문에 대한 수직적·보완적 관계가 중소기업 생존과 성장에 필연적 고리라는 인식은 강고한 전제로 자리 잡았다. 그러나 중소기업의 성장 잠재력에 대한 우려, 경제 양극화에 따른 대기업과 중소기업의 상대적 격차 확대 등은 중소기업 부문의 역할에 대한 재점검 필요성을 제기한다. 오늘의 중소기업이 안고 있는 문제들은 중소기업에 내재된 것만도 아니며, 국내 대기업 부문과의 관련성만으로도 이해할 수 없는 총체적인 존립 여건의 변화를 배경으로 한다. 중소기업의 역할을 더 이상 양적 측면에서 찾을 수 없는 것이다. 중소기업 부문은 질적 측면에서 새롭게 부여된 역할과 위상에 부응해나가야 한다.

이에 따라 중소기업정책도 중소기업 부문이 양적 성장으로부터 질적 발전으로 변모할 수 있도록 목표와 방향성을 재정립할 필요가 있다. 중소기업의 양적 성장도 소홀히 할 수는 없지만 성장내용도 중요한 정책변수가 되어야 한다. 이는 단순 투입요소 공급 위주인 기존 정책수단과 내용들이 질적 투입요소를 보완하고 채워주는 방향으로 변화되어야 함을 의미한다.

중소기업의 고용 기여도에 대한 인식도 변화될 필요가 있다. 일자리 관점에서 향후 중소기업정책의 과제는 중소기업의 일자리 질을 향상시키고 보다 건강한 일자리 창출을 촉진하는 것이다. 이는 중소기업의 존립형태, 성장구조에 비추어 볼 때, 일자리의 질과 창출경로에 대한 새로운 전략적 접근을 소홀히 할 경우 중소기업 부문에 과거와 같은 고용창출 기능을 기대하기 어렵거나, 설사 고용창출이 이루어지더라도 지속 여부가 불투명한 것으로 보이기 때문이다. 특히 중소기업의 일자리 창출은 여타 선진국에 비해 과다한 비중을 보이는 자영업자 구성의 연착륙, 성장 지체현상을 겪고 있는 일반 중소기업군의 구조 고도화 촉진을 위한 정책적 노력 등과 깊은 연관 속에서 다루어질 수밖에 없을 것으로 보인다. 즉 일자리 조정과 일자리 창출을 병행 추진해야 하는 것이다.

향후 요구되는 중소기업의 국민경제적 역할에 부응하기 위해 중소기업의 혁신역량 강화는 절대적 과제이며, 능동적인 성장 주체로서의 역할은 혁신역량에 의해 제대로 견인될 수 있다. 기술력을 바탕으로 글로벌 경쟁에 당당히 맞설 수 있는 '혁신선도 중소기업'을 육성하고 이들의 혁신모델을 전체 중소기업으로 확산시키는 전략이 필요하다.

2) 정책 대상의 합리적 획정 : 불특정 다수가 아닌 전략적 선택과 집중

지금까지 중소기업정책은 정책수단과 내용의 한계에도 불구하고 보다 많은 중소기업을 지원하고자 노력했던 경향이 많았다. 이는 정치적으로 중소기업정책이 활용된 측면이 적지 않은 사실과도 관련된다. 광범위한 정책대상과 제한된 정책 사이의 부조화는 전반적인 정책성과의 부진을 초래한다.

1980년대 이후 중소기업정책에서 경쟁과 자율이 강조되면서 표면적으로 성장 가능성이 높으나 시장 실패적 요소에 의해 지원이 필요한 대상에 정책의 초점을 맞추었다. 그러나 실제 정책대상은 정책비중의 차이는 있을지언정 최상위 중소기업군에서 최하위 중소기업군을 포괄할 수밖에 없었다. 이에 따라 중소기업정책의 공과는 전체 중소기업의 상황이 어떤가에 의해 평가되었다. 이는 중소기업정책의 우선순위를 모호하게 만드는 요소로 작용했으며, 오늘날의 복잡다기한 중소기업 정책의 모습으로 진화했다고 할 수 있다.

이제 새로운 사회적 합의를 통해 중소기업정책의 대상을 합리적으로 획정할 필요가 있다. 우리 경제의 발전단계와 전략적 우선순위에 기반하여 경제정책으로서의 중소기업정책이 책임질 수 있는 범위에서 정책대상을 규정하고, 그 결과에 대한 엄밀한 성과평가를 통해 정책의 공과를 보다 분명히 할 필요가 있다. 이를 통해 중소기업들이 정책에 대한 막연한 기대와 불신을 접고 정책적 신호에 제대로 대응할 수 있도록 해야 한다. 사회적 지원을 필요로 하지만 경제정책의 대상이기 어

〈그림 4-2〉 중소기업정책의 대상

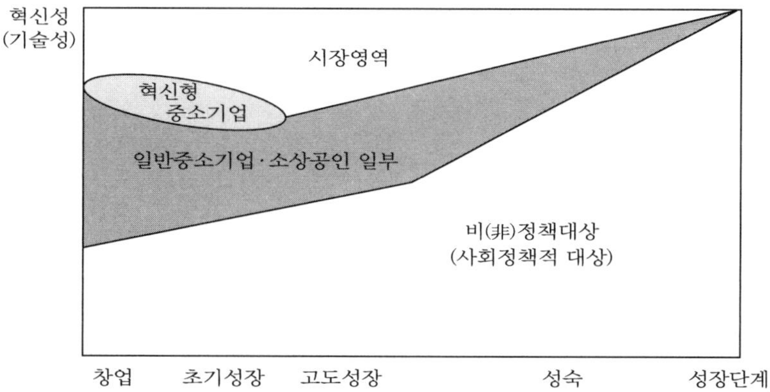

려운 중소기업군에 대해서는 사회정책적 차원에서 적절한 배려를 모색하고 이를 경제정책으로서의 중소기업정책과는 구분할 필요가 있다.

우리 경제의 발전단계와 전략적 우선순위를 감안한다면, 중소기업정책의 핵심대상은 혁신성과 성장 가능성이 있으나 시장기능이 미치지 못하는 중상위 중소기업군과 창업기업군이 될 수 있을 것이다. 다시 말해 혁신 잠재력을 보유한 일반 중소기업군의 중상위 계층을 혁신형 중소기업으로 키워내고, 이들을 시장기능을 통해 글로벌 경영이 가능한 '작지만 빠르고 강한 기업'으로 성장시켜야 한다. 여기서 유의할 것은 시장기능이 미치는 최상위 중소기업층은 중소기업정책의 대상이 되어서는 안 된다는 점이다. 현재 이들을 대상으로 정부와 시장이 경합하는 현상이 부분적으로 있는데 이는 시정되어야 한다.

또한 소상공인 정책의 범위와 수준에 대한 재검토가 필요하다. 최근 경제 양극화와 관련하여 소상공인 문제는 정책현안 중 하나로 부상했다. 중소기업 부문은 매우 다양한 성격, 업종, 업태로 구성되며, 그동안 중소기업정책의 현실적인 주요대상은 제조업을 영위하는 중소기업이었다. 이는 중소기업정책뿐만 아니라 과거 산업정책이 제조업 중심으로 구사되었던 상황과 연관지어 이해할 수 있는데, 이 과정에서 사업체 수나 고용에서 절대적 비중을 차지하는 소상공인이 정책에서 상대적으로 소외되었다. 소상공인을 대상으로 한 정책이 구체화된 것은 생계형 창업대책, 소상공인지원센터 등이 시행되었던 외환위기 전후부터였으며, 정책수단과 내용은 방대한 정책대상 범위에 비해서는 매우 제한적 수준이라 할 수 있다.

외환위기를 계기로 중소기업정책에서 위상과 비중이 증대해온 소상공인 지원시책은 그 필요성과 우리 경제의 발전단계상 정책 우선순위간의 조화를 도모해야 하는 과제를 안고 있다. 선진국의 경우 우리처럼 중소기업 전반의 경쟁력 강화를 위한 대규모 재정지원 필요성이 상대적으로 적은 상황에서 소상공인 지원 등 소외계층에 대한 경제적 지원시책을 중소기업정책의 중요한 부분으로 인식하여 다룬다. 그러나 우리나라는 아직 후발 추격자의 입장에 있으며, 중소기업 전반의 지원수요가 가용재원을 상회하는 상황에 놓여 있다. 또한 소상공인은 지원대상의 방대함으로 인해 효과적인 정책개입이 용이하지 않다는 것이 제약요인으로 작용한다. 이러한 여건에서 소상공인 지원의 필요성과 정도에 대해 예산당국, 국회, 중소기업 정책부서, 업계가 상이한 입장을 노정하고 있는 것이 현실이다. 따라서 시책의 일관성과 지속성을 위해 소상공인 지원시책의 범위와 수준에 관한 새로운 합의가 형성될 필요가 있다. 합의구조의 기본 전제는 단계적 접근과 효과적 정책수단의 개발이라 할 수 있다. 소상공인은 정책대상이 방대하므로 자금지원과 같은 물적 자원 공급은 제한적일 수밖에 없을 것으로 보인다. 따라서 정보제공, 컨설팅, 교육·훈련, 학습기회 부여 등 연성자원의 공급체계를 수요맞춤 형태로 확충하는 방향을 적극 모색할 필요가 있다.

중소기업정책 대상을 획정하는 것으로 그쳐서는 안 되며, 정책실행과정에서 이러한 정책대상이 갖는 정책 위험도를 사전적으로 반영하는 것이 중요하다. 정책대상인 중소기업군은 시장기준에서 보면 상대적으로 위험도가 높은 대상이라 할 수 있다. 예를 들어 금융지원의 경우 정부는 검증되지 않은 기업이지만 지원을 통해 유망한 기업으로 성장할 수 있는 중소기업들을 지원하고자 한다. 그러나 실제 집행결과에서는 정책대상이 안고 있는 정책 위험도가 반영되지 않음에 따라 집행기구들은 보다 안전한 정책대상을 선호할 개연성이 커지는 것이다. 구체적으로 위험도 높은 정책대상에 대해서는 지원되는 재원의 일부에 대해 손실분담장치를 마련하는 것이 필요하다. 정부, 금융기관, 중소기업이 정책 위험도를 합리적으로 분담하는 방안을 적극 모색해야 한다.

3) 정책 포트폴리오의 재구성: 정책목표와 지원 우선순위의 조응

중소기업의 환경 및 역할 변화에 따라 중소기업정책의 포트폴리오는 재점검이 필요한 것으로 보인다. 우선 고용창출에 대한 기여도가 높은 분야와 기업군에 대한 투자가 강조되어야 한다는 점에서 제조업과 비제조업 간 정책자원의 배분구조를 개선할 필요가 있다. 즉 상대적으로 소외되었던 비제조업 중소기업에 대한 정책이 강화될 필요가 있는 것이다. 이는 산업정책 전반을 포함한 경제정책에도 마찬가지로 검토되어야 할 정책의제일 것이다.

또한 창업의 양적 활성화 및 질적 고도화는 매우 높은 우선순위로 자리매김되어야 한다. 향후 창업지원시책에 요구되는 역할은 단지 미시적 차원의 창업률 제고에만 그치는 것이 아니라 고용을 수반하는 성장체제를 만들어내야 한다는 거시경제적 목표와의 밀접한 관련 속에서 규정될 것이다. 이로부터 중소기업정책, 창업지원시책, 경제정책 전반의 효과적 결합이 요구된다.

이와 관련하여 선진국들은 창업과 고성장기업의 성장생태계 구축을 연계한 정책추진을 강조한다. 네덜란드는 세계경제가 기존의 요소주도형 성장(*factor-driven growth*)에서 혁신주도형 성장(*innovation-driven growth*)으로 옮아가고 있다는 인식 하에 네덜란드 경제의 경쟁력 강화 과제를 심각하게 고민하여 1999년 정책보고서를 마련하고 의회보고를 거쳐 추진하고 있다.[4] 동 보고서는 무엇보다도 기업가의 역할이 중요한 것으로 평가하고, 기업가정신 및 기업가 활동의 촉진에 정책의 역점을 둘 것을 강조한다. 신생기업과 고성장기업의 역할에 주목하여, 시장구조, 규제개혁, 금융 및 세제, 교육, 지역개발정책, 신시장 개척, 고성장 및 고기술기업 육성 등을 중소기업정책의 핵심의제로 다룬

---

4) EIM, "The Entrepreneurial Society", 1999, 참조.

다. 영국도 기업가정신이 충만한 환경 조성이 경쟁력 강화의 관건이라는 인식 하에 창업 활성화 및 창업기업의 원활한 성장을 위한 정책적 지원에 적극 나서고 있다.[5)]

창업지원시책이 고용증대를 수반하는 성장체제 구축이라는 상위의 목표에 부응하기 위해서는 창업률 제고를 뛰어넘어 창업 성공률의 제고를 통한 고용창출효과의 지속성이 크게 강조되어야 한다. 그동안 창업 활성화를 위한 정책적 노력을 경주하였으나, 창업의 양적 측면에 치중하여 창업 이후 새싹기업의 성공적 정착 내지 성장 원활화를 위한 체계적 프로그램이 미흡했던 점은 개선과제로 남아 있다. 양 중심의 창업 활성화는 진입장벽이 낮은 분야로의 과당진입이라는 부작용을 초래한다.

창업 성공률의 제고는 준비된 창업과 창업 초기기업에 대한 사회적 지원 인프라에 의해 견인될 수 있다. 준비된 창업은 무엇보다도 기업가 저변의 확충에 의해 뒷받침되며, 선진국들이 기업가 양성 · 교육에 심혈을 기울이는 것도 이에 연유한다고 볼 수 있다. 선진국들은 모든 연령층의 경제주체들을 잠재적 기업가로 인식하고, 이들을 위한 전방위적 경제교육체계를 구축해나간다. 또한 창업 초기기업에 대한 사회적 지원 인프라는 기업활동에 대한 전문적 지원 서비스 역량을 갖춘 산업 저변의 확충과 서비스 수준의 제고에 기반하며, 이는 비즈니스서비스 시장의 육성 필요성과 맥을 같이 하는 것이라 할 수 있다.

인력정책의 기조 전환이 요구된다. 중소기업의 인력난은 중소기업의 저생산성, 지불능력 부족 등 구조적 원인을 해소하지 않고 단순한 기능인력의 수급간 괴리를 메워주는 차원에서는 근본적 개선을 기대하기 어렵다. 이는 단순 기능인력 공급 중심의 인력정책은 분명한 한계

---

5) 1998년 말 발표된 《경쟁력 백서》(*The Competitiveness White Paper*)에서는 경제성장, 생산성 향상, 고용창출을 이끄는 핵심요소로 기업가 정신과 혁신을 들고 있다. 영국정부는 이러한 경쟁력 강화 전략의 일환으로 기업가 및 고기술기업의 저변확대, 창업기업의 원활한 진입 및 활동을 위한 각종 장벽의 해소, 창업 활성화와 혁신정책의 결합 등을 주요 정책과제로 추진하고 있다. 이에 관한 자세한 내용은 DTI, 〈Our Competitive Future: Building the Knowledge Driven Economy〉, 1998. 12. 참조.

를 갖는다는 것을 의미하며, 중소기업 인력구조의 고도화를 위한 정책적 노력이 크게 강조될 필요가 있다. 중소기업 부문에 요구되는 혁신역량강화라는 정책과제는 중소기업의 인력구조 고도화를 기반으로 할 수밖에 없다는 점에서 중소기업 인력정책의 기조 전환을 모색할 필요가 있다. 구체적으로는 기존 인력의 교육·훈련 기회를 확대하고 교육내용과 수준을 제고시킴으로써 기업의 숙련 및 전문화 수요에 부응하는 한편, 인력유입 여건의 개선에 더 많은 투자와 정책적 지원이 있어야 할 것이다. 기업에 대한 지원 위주에서 벗어나 근로자의 학습 및 숙련 형성에 대한 유인동기를 직접적으로 자극할 수 있는 프로그램이 확충되어야 한다.

중소기업이 주체가 되는 중소기업 혁신체계(*Small Business Innovation System*) 구축이 필요하다. 기존의 기술 지원시책이라는 협애한 틀만으로는 중소기업의 혁신역량 배양을 효과적으로 도모하기 어렵다. 경쟁력은 혁신능력에 의해서 결정된다고 할 때, 혁신능력은 혁신활동에 투입되거나 또는 활용될 수 있는 자원의 양과 질에 의해 규정된다. 중소기업의 혁신역량 제고를 위해서는 중소기업의 필요에 부합되는 산업 및 원천기술에 대한 중소기업의 원활한 접근과 활용이 필수적이며, 우리사회가 보유한 혁신자원을 중소기업의 혁신활동에 얼마만큼 충분하고 효과적으로 투입·활용하는가에 의해 혁신성과가 좌우된다고 볼 수 있다. 이에 대한 깊고도 진지한 고민이 필요하다. 이러한 관점에서 국가혁신체계(*National Innovation System*)와 중소기업의 혁신수요 및 전략을 제대로 결합시키는 것이 중요하다. 국가혁신체계 구상 속에 중소기업혁신체계를 적극적으로 포함하여 추진할 필요가 있다. 중소기업 혁신역량 제고는 중소기업 정책부서만의 과제가 아닌 범정부적 프로젝트로 인식되어야 한다.

4) 정책수단과 방식의 현대적 변용: 연성자원과 파트너십 중심으로

지금까지 중소기업정책은 지원수단 측면에서는 금융지원, 지원방식에서는 정부와 공적 지원기관의 직접적 공급 위주로 이루어졌다. 참여정부 이후 중소기업정책의 수단과 방식에 대한 문제제기와 함께 이에 대한 개선 노력이 경주되고 있다. 이 문제는 정책전달체계(*policy delivery system*)의 구조적 변화가 중요한 전제적 요소로 작용하는 것으로 보인다.

정책수단이 금융지원 중심이었던 것은 초기에는 시장의 자원부족이 원인이었으나, 점차 금융시장의 자원배분 실패현상이 구조적으로 개선되지 못하는 상황이 지속되면서 정책금융의 과다한 공급이라는 현실을 초래하게 되었다. 특히 외환위기를 계기로 시장금융과 정책금융의 부조화가 심화되었다. 정책금융은 시장금융을 보완하기 위한 것이지만, 시장금융이 정상적으로 작동하지 못하면 정책금융의 영역이 커지고 이는 시장금융의 정상화를 저해하는 악순환 고리를 형성하게 된다. 중소기업에 대한 금융지원이 과다하다는 점은 분명한 것으로 보인다. 그러나 정책금융의 정상화는 시장금융을 통한 중소기업 금융기능의 안정성 여부에 의해 규정된다고 보아야 한다. 따라서 정책금융의 개선 문제는 중소기업에 대한 시장금융의 역할 적정성 문제와의 긴밀한 연계 속에서 다루어져야 한다. 외환위기 이후 금융 구조조정을 통해 은행의 외국지분이 크게 증대하면서 외국계 은행의 중소기업 대출 비중은 2000년 40.2%에서 2004년 34.6%로 감소하였다. 2007년 시행 예정인 바젤 II는 시장금융의 중소기업 금융기능에 부정적 영향을 미칠 가능성이 높은 것으로 지적되었다. 금융시장의 변화와 관련하여 시중은행을 통한 중소기업 금융 가용성의 안정적 확보가 가능한지에 대한 면밀한 검토가 필요하며, 이를 토대로 중소기업 금융시스템에 대한 구조적 대책을 강구할 필요가 있다. 이 또한 새로운 사회적 합의가 필요한 부분이라 할 수 있다.

중소기업 금융문제의 개선 정도와 관련된 것이기도 하지만, 이와 독립적으로 정책수단에서 정보제공, 학습, 자문, 중개, 사회적 지원 네트워크 등 연성자원에 대한 정책이 확충되어야 한다. 선진국 중소기업정책의 내용상 특징은 연성자원 중심의 지원이라는 데 있다.

지원방식에 있어서도 정부와 공적 지원기관 중심에서 중소기업에 대한 도우미 기능을 수행할 수 있는 사회적 네트워크를 형성하여 이들과의 파트너십을 통해 정책을 전달·파급시키는 형태를 모색할 필요가 있다. 이는 정책전달체계의 비효율성 때문만이 아니라 광범위한 정책 대상과 과제를 정부나 공적 지원기관만으로는 해결할 수 없다는 현실적 한계를 보완하기 위해서도 필요하다. 중소기업정책 부담을 분담할 수 있는 민간 부문의 역할 및 시장기제의 활용도 제고를 위한 정책적 노력이 강조되어야 한다.

또한 정책 우선순위를 좀더 분명하게 제시하여 이에 관한 중소기업계의 이해를 적극적으로 담보하는 노력이 필요하다. 정부는 중소기업 정책의 중요성을 강조하고 있으나, 수요자인 중소기업들은 중소기업 정책이 미흡하다는 인식이 적지 않음에 따라 정책의 수용성 제고를 위한 노력에 유의할 필요가 있다. 중소기업의 현실여건과 정책목표 사이의 간극을 해소하고 정책의 취지를 적극적으로 설득해야 한다. 이 과정은 정책 및 경쟁환경 변화에 대응한 중소기업정책 전반의 재정비를 위한 추진동력 확보를 위해 필요하다.

5) 경제정책의 중소기업 관점 강화

중소기업 부문이 안고 있는 과제들은 과거 40여 년간 지속된 대기업 중심의 압축성장전략에서 비롯된 측면이 적지 않다는 사실을 간과해서는 안 된다. 이는 경제정책의 대기업 친화적인 기조와도 무관하지 않다. 중소기업 문제는 이로부터 파생된 사회적 유산의 내용을 포함하고 있으며 단기간 내 해소될 성격의 것이 아니라고 보아야 한다. 이에 따라 중소기업 문제에 대한 장기주의적 전략이 요구되며, 중소기업 관점에서의 정책접근이 강조될 필요가 있다.

산업 연관뿐만 아니라 중소기업의 성장경로에도 중대한 영향을 미치는 대·중소기업 간 관계에 대한 정책도 협력 관점과 공정경쟁 관점의 균형있고 조화로운 접근이 바람직하다. 과거 압축성장과정에서 협력이 강조된 반면, 공정한 거래질서를 위한 정책은 상대적으로 소홀히 다루어졌던 경향이 있었다. 집단화된 대기업과 파편화된 중소기업으로 이루어진 시장구조에서 공정한 경쟁환경의 조성은 매우 중요한 과제라 할 수 있다. 중소기업정책이 자율과 경쟁이라는 원칙에 입각하여 이루어지기 위해서는 대기업이나 독과점 부문의 우월적 지위 남용에 의해 초래되는 중소기업 부문의 구조적인 시장 불리가 제대로 시정되어야 한다. 또한 기업간 협력을 조장하기 위한 지나친 정책개입은 모기업과 중소기업 모두의 무임승차적 행태를 유발하는 부작용을 초래하고 협력의 지속성을 기대하기는 어려울 가능성이 크다. 기업간 협력은 상호간의 합리적이고 경제적인 유인에 의해 뒷받침되는 것이 중요하며, 이를 위해서는 비합리적 지대 추구행위가 용인되지 않는 건강한 경쟁질서가 전제되어야 한다.

중소기업정책의 실효성을 위해서는 사후적 지원보다는 사전적·예방적 개입이 보다 효과적이다. 이를 위해서는 경제정책의 설계단계에서부터 중소기업의 입장과 관점이 충실하게 반영되는 것이 중요하며, 중소기업의 이해를 제대로 수렴·검증·반영하는 시스템을 마련할 필요가 있다.

■ 참고문헌

노동부, "노동력수요동향조사보고서", 각 연도.

재정경제부·금융감독위원회·중소기업청, "중소기업 금융지원체계 개편", 대통령보고자료, 2005. 6.

______·산업자원부·중소기업청 외, "중소기업 경쟁력 강화 종합대책", 대통령보고자료, 2004. 7.

전국경제인연합회, "한·중·일 기술경쟁력 비교조사", 2003. 1.

조성재 외, 《자동차산업의 도급구조와 고용관계의 계층성》, 한국노동연구원, 2004.

조영삼, "중소기업 경쟁력 강화대책의 특징과 과제", 《KIET 산업경제》, 2004. 8.

______, "중소기업, 패러다임 전환의 방향과 전략", 국가경영전략포럼 발표문, 2005. 1.

______ 외, 《창업활성화 5개년 계획》, 산업연구원·중소기업청·중소기업

진흥공단, 2003. 8.
______ 외, 《도전과 혁신, 도약의 길: 중소기업 발전비전과 육성전략》, 산업연구원 · 중소기업청, 2003. 12.
중소기업특별위원회, "중소기업 정책과제와 대책", 대통령보고자료, 2005. 1.
______ · 산업연구원, 《중소기업백서 2000》, 2000. 11.
중소기업청, "중소기업인력실태조사", 2002년 및 2003년.
______ · 중소기업협동조합중앙회, "중소기업 기술통계조사보고", 2003. 12.
______ · 중소기업협동조합중앙회, "2004년 기준 중소기업실태조사보고", 2005.
최영섭, "산업경쟁력과 일자리 창출 : 정합적 정책 방향의 모색", 《일자리 창출과 청년실업 해소방안》, 경제사회연구회, 2004. 6.
통계청, "광공업통계조사보고서", 각 연도.
한국은행, "기업경영분석", 각 연도.

EIM, *The Entrepreneurial Society*, 1999.
A. M. Warner, "Economic Creativity", *Global Competitiveness Report 2000*, 2001.
EIM, International benchmark ondernemerschap, 2001.
DTI, *Our Competitive Future: Building the Knowledge Driven Economy*, 1998. 12.
Small Business Service, *Small Business and Government: The Way Forward*, 2002. 12.
Small Business Service, *A government action plan for small business*, 2004. 1.
OECD, *Employment Outlook*, 2003.

5 한국의 발전모델과 시장경제

이 정 우

1. 동아시아의 발전국가 모델

한국경제가 지난 40년간 다른 나라에서 보기 힘든 고도성장에 성공을 거두었음은 이제 국제적으로 공인받고 있다. 물론 1997년 이후 외환위기를 겪으며 성장세가 한풀 꺾이긴 했지만 긴 시간을 놓고 보면 한국경제가 성공적으로 성장해왔음은 의심할 여지가 없다. 1인당 GDP의 실질성장률은 지난 40년간 평균 7%를 넘는데, 이것은 다른 나라에서 찾아보기 힘든 성과다. 한국은 경제성장만 빨랐던 것이 아니라 다른 나라에 비해 월등하게 평등한 분배를 자랑함으로써 세계은행은 한국을 비롯한 동아시아 국가들을 가리켜 '동반성장'(*shared growth*)에 성공했다는 평가를 내린 바 있다. 세계은행은 동아시아의 뛰어난 경제성과를 찬양하는 〈동아시아의 기적〉(1993)이란 보고서를 내놓았다.

그런데 동아시아 경제의 성공원인을 놓고 크게 두 가지 관점이 대립되는데, 하나는 정통적 시장의 기능을 강조하는 이른바 시장친화론(市場親和論, *market-friendly view*)이며, 다른 하나는 국가의 개입을 강조하는 수정주의(修正主義, *revisionist view*)이다. 이 두 가지 중 보다 역사가 오래되고 정통적인 관점은 시장친화론이다. 동아시아가 성공을 거둔 것은 국가의 역할을 최소화하면서 시장기능을 살려서 결과적으로 효율성을 확보하고, 고도성장을 달성했을 뿐 아니라 분배의 상대적 형평도 이루어냈다는 해석이다. 이 견해는 신고전파 경제학을 신봉하는 정통파 경제학자들의 지지를 받으며, 세계은행 내부에서도 주류를 이룬다.

시장친화론의 예로서 발라사(Balassa)는 동아시아의 수출주도형 성장을 비교우위의 원리에 따른 성공으로 해석함으로써 전통적 자유시장론의 승리로 묘사한다. 첸(Chen)은 동아시아 5개국의 성공을 찬양하는 저서에서 이렇게 말하고 있다. "이들 나라에서 국가의 간섭은 거의 없다. 국가가 제공한 것은 단지 기업가들이 기능할 수 있는 적합한 환경뿐이다. … 국가 간섭을 통해 자원을 원하는 방향으로 돌리는 행위는 중앙계획의 일부분인데, 이런 것은 동아시아 5개국의 발전에서는 찾아볼 수 없다." 또한 자유주의의 사도 밀턴 프리드만 부부는 그들의 책 《선택의 자유》(1981)에서 다음과 같이 말했다. "말레이시아, 싱가포르, 한국, 대만, 홍콩, 일본은 사적 시장에 광범위하게 의존하면서 번영하고 있다. 그와는 대조적으로 인도, 인도네시아, 공산주의 중국은 중앙계획에 크게 의존하면서 경제침체를 경험해왔다." 이들의 관점에 의하면 동아시아가 성공을 거둔 비결은 경제에 대한 국가개입을 최소화하고 시장의 작동에 맡긴 데 있다.

시장친화론에 대립되는 관점은 경제에 대한 국가의 간섭을 중시하는 이른바 '수정주의'(修正主義, *revisionist view*)이다. 동아시아 국가의 성공은 경제를 시장에 맡겨서 이루어진 것이 아니고, 국가가 여러 방면에서 적극적으로 개입함으로써 가능했다는 견해이다. 이 견해의 원조는 존슨(Chalmers Johnson)이다. 그는 일본의 경제기적의 원인을 분석하면서 성공요인을 '발전국가'(*developmental state*)에서 찾는다. 그는 일본의 기적을 설명하는 기존의 몇 가지 가설 — 문화적 설명, 기적이 아니라는 설, 구조적·제도적 설명, 무임승차 가설 — 을 하나 하나 반박하면서 결국 일본의 성공은 통산성(通産省)으로 대표되는 일본의 국가개입, 계획에서 찾을 수 있다고 주장한다. 그는 미국식의 규제지향적 국가에 대비되는 발전지향적, 계획지향적 국가가 일본의 성공을 일으킨 원동력이라고 본다. 그는 통산성이 1930년대 만주국 시절부터 어떻게 산업정책을 수립·추진하였는가를 상세히 설명하고 있다.

그 뒤 수정주의를 지지하는 학자로는 한국에 대해서는 암스덴(Alice H. Amsden), 그리고 대만에 대해서는 웨이드(Robert Wade)가 대표적이다. 이들은 시장 중심적 신고전파 경제학에 반기를 들면서 경제발전에서 국가의 역할을 강조한다. 신고전파 추종자들에 비하면 이들의 숫자는 아주 적으므로 경제학계에서는 비주류라 할 수 있으나 그 영향력은 시간이 지날수록 높아지고 있다. 특히 암스덴은 한국의 경제적 성공요인이 신고전파 경제학자들이 주장하듯 "가격을 바로잡는"(*getting prices right*) 시장친화적 정책의 결과가 아니고 오히려 투자와 무역을 장려하기 위한 인위적 "가격왜곡"(*getting prices wrong*) 정책의 결과라고 해석한다. 암스덴에 의하면 오랫동안 마이너스 수준을 유지한 실질금리는 대표적인 가격왜곡 정책이다. 즉, 한국의 성공은 가격기구의 자유로운 작동에 의한 결과가 아니라 가격을 인위적으로 왜곡시키면서까지 정부가 시장에 개입한 정책 덕분이며, 그 밑바탕에 있는 유능하고 잘 훈련된 정부관료들의 역할을 과소평가해서는 안 된다는 것이다.

후발국의 이점과 발전패턴의 차이에 관한 거센크론(Gerschenkron)의 이론은 고전적 업적으로 남아 있다. 그런데 암스덴은 이와 비슷하지만 내용은 다른 하나의 도식을 제시한다. 암스덴에 의하면 후발국(後發國, *late developer*)의 발전모델은 선발국과는 다르다. 선발국인 영국이 발명(*invention*)에 의존하여 공업화에 성공했다고 한다면 후발국인 독일과 미국은 기술혁신(*innovation*)이 성공의 비결이었고, 한국과 같은 후후발국(後後發國, *late-late developer*)은 선진국으로부터 기술을 습득하는 학습(*learning*)을 통한 발전이 핵심이었다는 것이다. 이 세 단계에서 정부정책의 기조는 근본적으로 차이가 나는데, 1단계(영국)에서는 자유방임이었고, 2단계(독일, 미국)에서는 유치산업보호였으며, 3단계에서는 정부보조금이었다는 것이다. 많은 저개발국에서 기업에 정부보조금을 제공했지만 대개는 밑 빠진 독에 물 붓기 식이었던 것에 반해 한국, 일본, 대만에서는 상호성의 원리에 따라 일정한 성과를 올린 경우에만 보조금을 계속 지급함으로써 높은 생산성을 유지하고, 기업에 대한 기율잡기가 잘 이루어졌다고 본다.

이리하여 2차 대전 후 공업화를 시작한 후후발국(後後發國)은 선진국 기술의 학습에 기초하여 공업화에 성공했는데, 이들 나라에서는 몇 가지 공통점이 발견된다. 그것은 정부개입, 상대가격의 왜곡, 기업집단의 성장, 정부에 의한 대기업의 기율잡기, 작업현장의 전략적 중요성 등인데, 이 점에서 일본, 한국, 대만은 많은 후진국들과는 차이가 있다는 것이다. 다른 후진국의 경우는 국가가 이런 기율을 세울 수 없는 이른바 '연성국가'(軟性國家, *soft state*)인 데 비해 동아시아에는 '강성국가'(剛性國家, *strong state*)가 성립했다고 한다.

동아시아 국가들이 모두 발전국가의 특성을 갖고 있지만 물론 상호간에 상당한 차이점과 특수성이 존재한다. 예를 들어 대만은 중소기업 위주로 성장한 반면 한국은 재벌중심의 성장을 하였다. 그럼에도 불구하고 사실상 대부분의 동아시아 국가들은 정도와 범위의 차이는 있지만 모두 경제발전 과정에서 국가의 적극적 개입이 있었다는 공통점이다. 한국을 비롯한 동아시아의 경제적 성공을 둘러싸고 지금까지 두 가지 해석이 논쟁을 벌여왔는데, 초기에는 시장친화론이 우세했지만 최근에 올수록 수정주의가 강세를 띄고 있다.

2. 동아시아 모델에 대한 반론

앞에서 우리는 동아시아의 경제적 성공을 놓고 최근에 와서는 수정주의, 혹은 발전국가론이 우세를 보이고 있다고 말했지만 이러한 견해가 완전히 공인된 것은 아니다. 이 견해에 대한 비판도 만만치 않은데, 그것을 두 가지로 나누어 볼 수 있다. 하나는 이론적인 것이며, 다른 하나는 현실적인 것이다. 전자는 1990년대 이후 경제학계에 나타난 성장요인에 관한 실증분석을 통한 동아시아 모델에 대한 비판이며, 후자는 1997년에 아시아를 강타한 경제위기다.

먼저 이론적 논쟁을 보자. 1990년대 초 동아시아 고도성장의 원인을 둘러싸고 총요소생산성의 기여에 의문을 제기하는 상반된 주장이 나타났다. 세계은행은 1993년 싱가포르를 제외한 모든 아시아 고성장국은 기술부문에서 세계의 조류를 따라잡고 있다고 분석했다. 그러나 이 연구는 곧 크루그만(Krugman)과 영(Young)에 의해 반박되었다. 그들은 동아시아 공업국의 성장에서 총요소생산성의 기여는 무시할 만한 수준이라고 주장했다. 크루그만은 아시아 성장의 가장 기본적인 원동력은 물적 자본과 인적 자본이며, 동아시아의 성장패턴이 양적 성장에는 성공했으나 질적인 성장에 실패했던 구 소련과 유사하다고 지적함으로써 아시아 찬양론에 찬물을 끼얹었다.

크루그만에 의하면 아시아 신흥공업국들의 성공은 기적이 아니다. 아시아 신흥공업국들은 과거 소련과 같이 놀랄만한 자원동원을 통해 급성장했다. 고성장기의 소련과 같이 아시아의 성장은 효율성 제고가 아니라 노동, 자본 등 요소투입의 증가에 의해 이루어졌다. 아시아에서 효율성 증가와 기술진보는 거의 없었다. 그런데 경제의 지속적인 성장을 위해서는 투입요소 단위당 산출량의 증가가 있어야 한다. 효율성의 향상 없이 투입의 증가만으로는 조만간 수확체감이 적용되므로 투입증가를 통한 성장은 제한적일 수밖에 없다. 아시아 성장의 비밀은 일반국민들에 대한 소비와 여가의 엄청난 희생이라고 크루그만은 본다. 이처럼 동아시아를 보는 크루그만의 관점은 대단히 비판적이다.

한편 이런 비판에 대해 스티글리츠(Stiglitz)는 반론을 제시한다. 세계의 어떤 다른 지역도 동아시아처럼 임금이 극적으로 높아진 적이 없었고 그렇게 단기간에 빈곤으로부터 많은 사람이 탈출한 경우도 없었다는 것이다. 따라서 동아시아의 기적이라는 명칭도 얻었다. 이 성장의 가장 중요한 요인 가운데 하나는 금융시스템이었으며 이는 이 지역에서의 높은 저축률과 또한 저축을 생산적인 투자로 배분하는 데에 중요한 요인이었다. 스티글리츠에 의하면 크루그만과 영의 연구는 그 추정방법에서 여러 가지 맹점이 있어서 그대로 믿기가 어려우며, 실제로는 동아시아에서 상당한 기술진보가 있었다고 보아야 한다는 것이다. 양측의 논쟁은 아직 뚜렷한 결론이 없다.

3. 1997년 경제위기를 보는 관점

한편 장기간 고도성장을 구가하던 동아시아가 드디어 1997년 미증유의 경제위기에 봉착함으로써 적지 않은 충격을 주었다. 이 위기를 어떻게 해석하느냐 하는 것이 중요한 문제가 된다. 시장주의에서는 아시아 위기가 지나친 국가개입 때문에 일어났다고 본다. 즉, 1997년의 경제위기를 아시아 국가자본주의가 종말을 고하는 단말마의 비명으로 본다. 그 반면 동아시아 모델을 높이 평가하는 수정주의 입장에서는 동아시아 경제의 내부 근본여건(*fundamentals*)에는 별 문제가 없고, 이번 위기는 다만 초국적 투기자본의 농간 때문에 발생한 것으로 보려는 경향이 있다. 이런 입장을 취하는 경제학자들은 암스덴, 크로티(Crotty), 펠드스틴(Feldstein), 삭스(Sachs), 스티글리츠, 웨이드 등 쟁쟁한 학자들이 망라되고 있다.

웨이드에 의하면 동아시아 위기는 유동성 부족의 위기이며, 이것은 부분적으로 과도한 금융의 탈규제 때문에 발생했다. 특히 은행과 기업이 정부의 통제 없이 해외차입을 한 것이 원인이라고 해석한다. 1990년대 초·중반까지의 자본자유화는 그 중에서도 가장 무책임한 것이었다. 국내기업들은 그들이 해외에서 절반 정도의 싼 이자로 차입할 수 있음을 알게 되었다. 외채는 점점 늘어갔고 그 대부분이 민간 및 단기부채였다. 한국에서는 은행과 기업들에 의한 해외부채가 1990년대 초에는 거의 없다가 1997년 후반에는 1,600억 달러로 증가했다. 결국 경제위기는 동아시아 각국 정부의 정책 실패에 기인하는 것으로 볼 수 있다. OECD, IMF, 서방정부와 은행, 기업 등의 부추김을 받아 급격하게 금융규제를 해제한 것이 화근이었다. 특히 한국은 OECD 가입에 너무 신경을 쓴 나머지 OECD가입 조건으로 금융시장을 개방한 것이 위기를 초래한 원인이라고 웨이드는 해석한다.

정부의 급격한 금융 규제완화는 기업들의 해외차입에 대한 규제를 철폐하거나 느슨하게 만들었고 이는 아시아 고부채 모델의 안정조건을 해치는 것이었다. 남미와 서구의 금융시스템과 달리 아시아는 고부채 모델인데, 특히 한국과 일본에서는 기업의 부채비율(부채/자기자본 비율)이 200%가 넘는다. 이때, 이윤율을 넘어설 정도의 이자율 상승은 위험한 결과를 가져올 수도 있다. 즉, 이자부담액이 부채를 늘리는 작용을 한다. 높은 실질금리 정책은 총수요를 압박하고 또한 이자부담으로 현금흐름을 압박한다. 이것은 기업부문의 채무누적을 가속화하며, 연쇄적인 기업도산을 가져올 가능성이 있다.

한편 한국의 자료를 가지고 경제위기의 원인을 분석한 연구를 보면 반드시 이들 후자의 견해가 지지되는 것은 아니다. 정운찬은 한국의 위기가 외부에서 온 것이 아니고 내부에서 장기간 축적된 문제에서 발생했다고 본다. 실물부문에서는 과잉투자가 지속되었으며, 금융부문에서도 취약하고 형식적인 대부심사와 금융감독으로 인해 대량의 부실대출이 누적되었다는 것이다. 이와 같은 국내 경제의 미시적 측면에서의 결함이 경제위기의 근본원인이었다고 본다. 박원암·최공필은 한국의 경제위기에 관한 그들의 실증분석에서 한국의 위기는 단순히 투기자본의 공략에 의해 발생한 것이 아니며, 경제의 근본여건(*fundamentals*)이 이미 악화하여 금융위기의 징후가 나타나고 난 뒤에 비로소 외부 투기자본의 공격이 효과를 거둘 수 있었다는 것이다. 결국 그들은 허약한 경제여건과 외부의 투기적 공격이 합쳐져 위기가 도래한 것으로 결론을 내리지만 아무래도 전자에 더 무게를 둔다고 볼 수 있다.

물론 아직 최종결론이 난 상태는 아니지만 이런 연구결과들은 동아시아 모델 찬양론자들의 견해와는 상당한 거리가 있어 보인다. 결국 동아시아 경제위기의 원인을 파악하는 것은 한국 등 동아시아 모델의 성패를 판단하는 데에서, 그리고 이 지역이 미래에도 과거의 성장세를 유지할 수 있을 것인지를 전망하는 데에서 매우 중요하다.

4. 참여정부와 시장경제

2003년 참여정부가 출범한 이래 그 경제철학이 반(反)시장주의라는 주장이 가끔 제기되곤 한다. 이런 오해는 시장경제를 좁은 의미로 해석하는 데서 유래한 것으로 보인다. 어느 나라든 경제체제는 기본적으로 자원의 배분, 재화·서비스의 생산, 소득의 분배 및 사회의 재생산 등의 기능을 담당하는데, 이 중 시장이 어느 기능을 어떻게, 얼마만큼 담당하고 있느냐는 나라에 따라 정도의 차이가 있을 뿐이다. 모든 나라에서 정부와 시장이 역할을 분담하고 있는데, 경제 전체에서 그 둘 사이의 비율, 그리고 몇몇 구체적 영역에서의 역할분담의 차이는 그 사회의 요구와 가치관에 따라 다르다. 그러나 그 비율의 차이에도 불구하고 자본주의체제를 유지하는 한 시장경제라는 기본적 특징까지 부정하는 것은 아니다.

예를 들어 미국에서는 의료서비스의 많은 부분을 민간기업이 담당하지만, 영국에서는 국가가 거의 전적으로 담당한다. 그럼에도 영국이 반시장경제라는 주장을 찾아볼 수 없다. 오히려 '영미형 자본주의'라는, 즉 영국과 미국을 한데 뭉뚱그려 시장을 중시하는 대표적 국가로 영국을 꼽는다.

사회주의체제가 붕괴한 지금 지구상의 어느 곳에도 시장을 완전히 배척하거나 모든 것을 시장에 의존해 해결하는 국가는 없다고 해도 과언이 아니다. 시장경제는 일의적으로 정의되지 않으며, 매우 다양한 유형을 갖고 있다. 미국형과 유럽형이 다르고, 일본형이 또 다르다. 유럽형이라고 해서 다 같은 것도 아니어서 북유럽형과 독일 등의 대륙형, 남유럽형이 각각 서로 다른 유형의 제도와 경제운용원리를 채택하고 있다. 사회주의에서 전환한 중국, 러시아, 동유럽도 불완전하나마 새로운 형태의 시장경제를 실험하고 있다. 각국은 금융시스템, 산업-금융관계, 정부개입의 정도, 노사관계, 기술혁신시스템 등에서 역사적 경험이나 사회·경제·환경에 따라 다양한 형태의 제도를 발전시키고 있지만 시장경제를 근간으로 한다는 점에서는 본질적 차이가 없다.

흔히 시장경제의 전형으로 언급되는 미국은 ESOP이라는 노동자의 소유참여제도를 통해 성공한 수많은 기업의 사례를 보여준다. 미국의 초우량기업들에서 노동자가 경영에 적극 참가하기 때문에 미국은 시장경제가 아니라고 주장할 수는 없다. 결국 네덜란드나 스웨덴, 독일 같은 나라들이 채택한 경제체제는 '비(非)시장경제' 또는 '반(反)시장경제'가 아니라 '사회적' 시장경제 또는 '조정된' 시장경제이고, 미국은 그와 다른 '주주중심형' 시장경제, 혹은 '자유' 시장경제를 운영하고 있을 뿐이다. 시장경제적 요소와 비시장적 요소가 혼재된 정도에서만 차이가 있을 뿐 근간이 시장경제라는 것은 의심의 여지가 없다.

그럼에도 불구하고 참여정부가 마치 시장경제를 부정하는 것처럼 생각하는 일부 극단적 사고의 소유자들 때문에 소모적 논란이 거듭 일어나고 국민을 불안하게 만드니 답답하기 짝이 없는 노릇이다. 더구나 그와 같은 뿌리 없는 주장을 언론 뿐 아니라 일부 학자들도 제기한다는 사실은 학계로서도 깊이 반성할 필요가 있다.

사실을 말한다면 오히려 참여정부는 시장경제의 발전을 위해 노력하고 있다. 과거 개발독재 시절의 유산이라 할 수 있는 관치경제, 관치금융의 폐단을 극복하는 것이 참여정부의 중요한 목표 중 하나다. 국민의 정부가 내세웠던 국정목표가 '민주주의와 시장경제의 병행발전'이었는데, 참여정부는 이 정신을 그대로 계승, 발전시켜 나가고 있다. 투명하고 공정한 시장질서를 구축하려는 시장개혁이나 중소기업을 육성하는 일은 공업화 과정의 부작용으로 왜곡되었던 시장질서를 바로잡는 작업의 일환이다. 오랜 기간 국가주도적 경제운용에 익숙해 있던 경제주체들의 사고방식이 아직 충분히 바뀌지 않아 때로는 구시대를 동경하고, 때로는 원칙에 어긋난 국가의 개입과 지원을 바라고 있으나, 이제 우리의 경제체제는 확실히 시장경제 원리를 따르지 않으면 안 된다.

다만 한국의 시장경제는 다른 나라에 비해 정부역할, 혹은 공공 영역이 협소한 특징이 있다. 특히 노동, 복지, 보육, 교육, 보건, 의료 등 공공서비스 분야는 공공의 영역이 다른 선진국에 비해 월등히 협소하다. 이 분야에서 일하는 사람의 숫자가 전체 취업자에서 차지하는 비중이 한국의 경우 5%인데, 스웨덴은 30%나 된다. 스웨덴은 워낙 사민주의 모델이니 한국과 비교하기 어렵다 치고, 우리나라의 많은 사람들이 시장모델의 모범으로 간주하고 있는 미국의 예를 보면 이 비율이 15%나 된다. 그러니 한국에서 과도한 시장의존이 어느 정도인지를 짐작할 수 있다.

우리나라의 영세 자영업 부문에는 다른 나라에 비해 10% 이상의 과잉인력이 몰려 있다. 이들 자영업자들은 과당 경쟁으로 수익을 올릴 수 없고 겨우 생존을 위한 치열한 경쟁에 내몰리고 있는데, 장기적으로는 이들 과잉인력이 부족한 공공서비스 분야로 이전할 때 우리의 고용구조도 정상적이 될 것이다. 이것은 장기적 인력수급 계획과 철저한 준비를 필요로 한다.

특히 1997년 이후 IMF의 권고에 따라 급속한 구조조정과 위기해소를 위해 우리가 노력하는 과정에서 지나치게 미국형 주주중심 모델을 도입한 게 아닌가 반성할 여지가 있다. 주주중심 모델은 매년 열리는 주주총회에서 기업가치를 평가하여 실적이 나쁜 경영진은 사정을 봐주지 않고 도태시키는 적자생존, 무한경쟁을 특징으로 하는 바 이런 상황에서 경영자들은 장기적 관점에서 투자를 생각할 여유를 가질 수 없는 한계가 있다. 이 점이 독일, 일본 등 이른바 관계형 자본주의와의 차이다.

한국경제가 오랫동안 세계 최고의 투자율을 자랑해온 것도 어떻게 보면 장기적 관점에서 모험투자를 가능케 한 관계형 자본주의 모델을 채택하고 있었기 때문에 가능하다 하겠는데, 최근 몇 년간은 그런 모델이 급속히 쇠퇴하면서 그 자리를 영미형 단기 실적주의가 채워가는 것으로 보인다. 그러므로 현재의 저투자, 저성장 기조의 일부 원인을 이런 현상에서 찾을 수 있을 것이며, 우리가 지나친 시장주의를 경계해야 하는 또 하나의 이유이다.

단기 실적주의의 폐단은 기업 뿐 아니라 노동계에서도 발견된다. 노조 지도자들도 자신의 임기 중에 어떤 성과를 내기 바라는데, 그 결과는 임금인상의 극대화, 고용조정에 대한 극단적 저항으로 나타나는 경향이 있다. 노조의 경우에도 기업과 상생하며 장기적 관점에서 고용과 임금을 극대화한다는 여유 있는 사고방식을 찾아보기 어렵다.

노사 쌍방이 단기 실적주의의 함정에 빠진 결과는 국민경제의 건전한 발전을 위해 결코 바람직하지 않은 결과를 가져오기 쉽다. 각자는 주어진 조건 속에서 최선의 전략을 구사하고 있으나 그 결과의 합계는 오히려 최악에 가까운 역설적 결과, 즉 죄수의 딜레마(*prisoners' dilemma*)와 같은 상황이 벌어지고 있는 것이다. 이런 한계를 극복하고 상생의 길(*win-win*)로 가기 위해서도 우리는 지나친 시장주의의 함정에 빠지지 않게 주의해야 한다. 특히 노사문제를 해결하기 위한 사회협약의 필요성에 대한 논의가 무성한데, 이런 모델은 좁은 시장맹신주의의 틀을 벗어나는 넓은 시야를 요구한다.

5. 맺음말

결론적으로 우리 경제는 지난 40년간 발전국가 아니면 시장주의라는 어느 한 쪽으로 극단적으로 치달은 느낌을 준다. 발전국가 모델과 시장주의 모델의 장단점을 골고루 경험한 지금 우리는 두 모델의 한계를 넘어서서 우리 실정에 가장 적합한 모델을 스스로 모색해야만 한다. 세계 각국은 정부와 시장 사이의 역할분담에 대해 나름대로 시행착오 끝에 현재의 다양한 시장경제 모델에 도달하였다. 우리도 과거에 대한 철저한 반성과 성찰을 통해 우리의 앞길을 개척해나가지 않으면 안 된다. 그것은 발전국가도 아닌, 그렇다고 과도한 시장주의도 아닌 제3의 길이 될 것이다.

과거에 우리 경제가 지나친 관치경제의 폐단을 안고 있었다고 할 것 같으면 최근 일부 언론과 학계의 요구는 지나친 시장 만능주의, 시장맹신주의가 아닌가 하는 걱정스런 면이 있다. 한국의 열악한 공공서비스 현실을 볼 때, 올바른 방향은 '관치(官治)는 줄이되 공공(公共)은 늘린다'는 쪽이라고 생각한다. 한편으로는 오랜 관치의 타성과 다른 한편으로는 시장만능주의의 유혹을 아울러 경계하면서 우리 실정에 가장 적합한 시장경제 모델을 찾아 나가야 한다. 이 일은 앞서간 다른 나라의 경험에서 참고할 수는 있으나 결코 전적으로 의존할 수는 없으며, 우리의 독창적 노력에 따라 우리 스스로 제3의 길을 열어나가지 않으면 안 될 것이다.

■ 참고문헌

박동운(2005), 《위기의 한국, 시장경제가 돌파구다》, 월간조선사.

이정우(2003), "한국의 경제발전 50년", 《경제학연구》(한국경제학회 창립 50주년 기념호) 2003년 2월.

______(2004), "참여정부의 비전과 정책과제", 《한국경제의 분석》 10(3), 2004년 12월.

이준구(2004), 《시장과 정부: 경쟁과 협력의 관계》, 다산출판사.

Amable, Bruno(2003), *The Diversity of Modern Capitalism*, Oxford University Press.

Amsden, Alice H.(1989), *Asia's Next Giant: South Korea and Late Industrialization*, Oxford University Press.

Aoki, Masahiko et al.(eds.)(1996), *The Role of Government in East Asian Economic Development: Comparative Institutional Analysis*, Oxford University Press.

Chung, Duck-Koo and Barry Eichengreen(eds.)(2004), *The Korean Economy beyond the Crisis*, Edward Elgar.

Hall, Peter A., and David Sockice(eds.)(2001), *Varieties of Capitalism: Institutional Foundations of Comparative Advantage*, Oxford.

Johnson, Chalmers(1982), *MITI and the Japanese Miracle*, Stanford University Press, 장달중 역(1984), 《일본의 기적》, 박영사.

Wade, Robert(1990), *Governing the Market: Economic Theory and the Role of Government in East Asian Industrialization*, Princeton University Press.

World Bank(1993), *The East Asian Miracle: Economic Growth and Public Policy*, Oxford University Press.

■ 필자 약력

(게재순)

이승훈

서울대 공대 전자공학과 졸업, 미국 노스웨스턴대학 경제학 박사. 한국산업조직학회 회장, 한국 계량경제학회 회장, 전기위원회 위원장 역임. 현재 서울대 경제학부 교수. 주요 저서: 《재벌체제와 다국적기업》, 《미시경제학》 등.

현오석

서울대 경영학과 졸업, 서울대 행정대학원 석사. 미국 펜실베이니아대학 경제학 박사. 재정경제부 경제정책국장, 세무대학장, 세계은행 이코노미스트, 정책기획위원회 위원, 연세대 및 고려대 객원교수 역임. 현재 한국무역협회 무역연구소장. 주요 저서: 《대외정책방향과 FTA 추진전략》(공저), 《경제정책결정론》(역).

임경순

서울대 물리학과 및 동대학원 졸업. 독일 함부르크대학 과학기술사 박사. 버클리대학 박사후과정. 현재 포항공대 인문사회학부 교수, 과학문화연구센터 소장. 주요 저서: 《현대물리학의 선구자》, 《과학사 신론》, 《과학과 인간의 미래》 등.

조영삼

고려대 경제학 석사 및 박사. 중소기업청 시책평가위원, 기획예산처 기금운용 평가단 위원, 중소기업특별위원회 실무위원 역임. 현재 산업연구원 연구위원, 국가과학기술위원회 종합조정 실무위원. 주요 저서: 《중소기업진흥 및 산업 기반기금의 중장기 운용방안 및 전략》(공저), 《도전과 혁신, 도약의 길: 중소기업 발전비전과 육성전략》(공저).

이정우

서울대 경제학과 및 동대학원 졸업. 미국 하버드대학 경제학 박사. 대통령 정책실장, 대통령자문 정책기획위원장 역임. 현재 경북대 경제통상학부 교수. 주요 저서: 《소득분배론》, 《한국사회의 불평등과 공정성 의식의 변화》(공저) 등.

한국의 세기 뛰어넘기

Jürgen Habermas
위르겐 하버마스
국내 최초
완역 출판